KB124102

Fun뻔 Fun뻔 일러스트

중국 이야기

왕치청 지음 / 박종연 옮김

중국 5,000년
역사와 문화 가이드 북

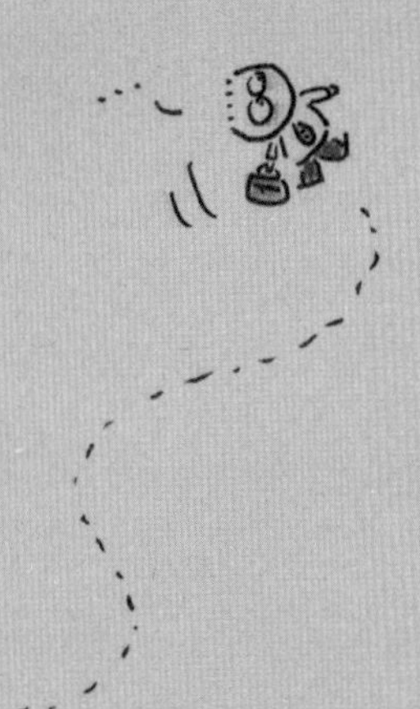

북&월드

Fun빼Fun빼 일러스트
중국 이야기

초판 1쇄 인쇄 / 2012년 9월 10일
초판 1쇄 발행 / 2012년 9월 15일

지은이 / 왕치청
옮긴이 / 박종연
펴낸이 / 신성모
펴낸곳 / 북&월드

등록 / 2000년 11월 23일 제10-2073
주소 / 경기도 양평군 용문면 덕촌리 211번길 121-9
전화 / (02) 326-1013
팩스 / (02) 322-9434, (031) 771-9087
이메일 / gochr@hanmail.net

ISBN 978-89-90370-91-4-43990

책 값은 뒷표지에 표기되어 있습니다.
파본은 구입하신 서점에서 교환해 드립니다.

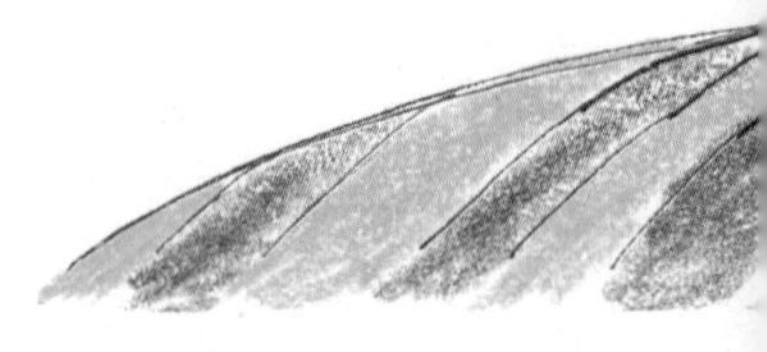

Fun뻔 Fun뻔 일러스트

중국 이야기

먼 곳에서 친한 벗이 있어 나를 찾아오니 기쁘지 아니한가!

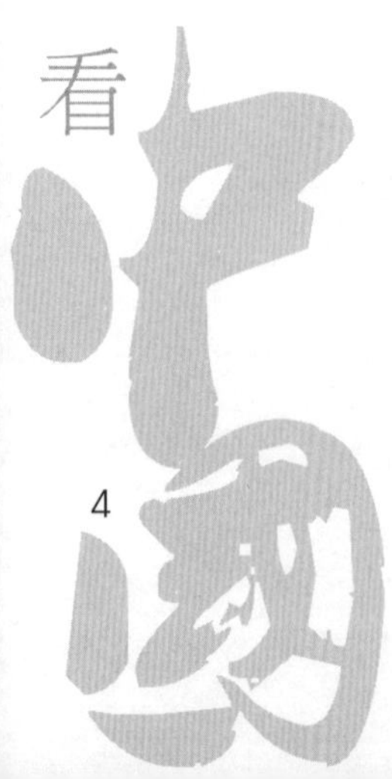

안녕하세요, 여러분!
저는 여러분의 친구 치치입니다.
여러분과 제가 이 사랑스럽고
매우 색다른 책을 통해 환상적인
여행을 떠나보시죠.

동방의 고대 나라···

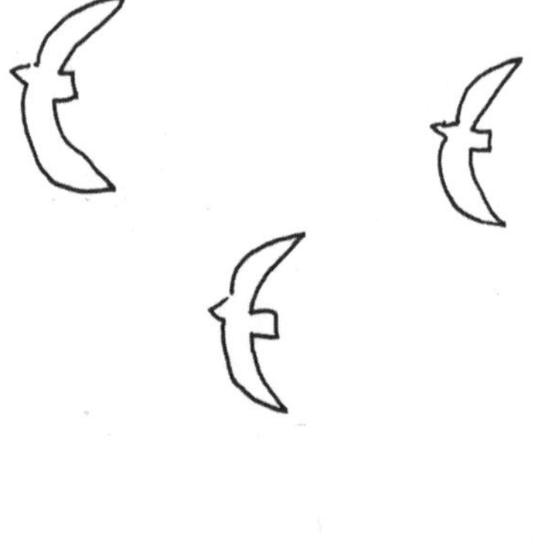

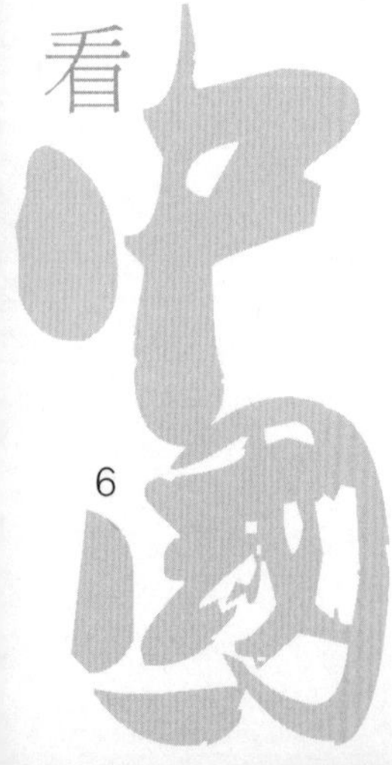

중국

우리가 살고 있는 아름다운 지구에는 5,000년의 역사를 지닌 나라가 있습니다. 세계 동쪽에 있으면서 대단히 다양하고 아름다움을 지닌 이 고대 문화는 놀랄만한 속도로 발전하였습니다. 이 나라가 바로 중국입니다.

제가 이 사랑스럽고 아주 색다른 책을 통해 역사의 긴 강을 따라 중국이라는 아시아의 고대 국가의 신비로움을 파헤치며 떠나게 될 재미있는 중국 투어의 젊은 가이드가 되어드리겠습니다. 수탉을 연상케 하는 이 땅을 여행하는 동안에 상상도 못할 강산의 아름다움을 감상하고, 흥미진진한 문화의 천재성과 황홀함을 음미하게 될 것입니다. 또한 오늘날 중국인들의 생활을 들여다보기도 하고, 중국이 어떻게 마술같이 경제를 꽃피웠는지 그 비법을 깨닫게 될 것입니다.

"먼 곳에서 친한 벗이 있어 나를 찾아오니 기쁘지 아니한가!" 고대 중국의 선인, 공자가 2000년 전에 전해준 인사말입니다. 그리고 오늘날 모든 중국인을 대표하여 저의 가장 따뜻한 인사말을 전해드립니다.

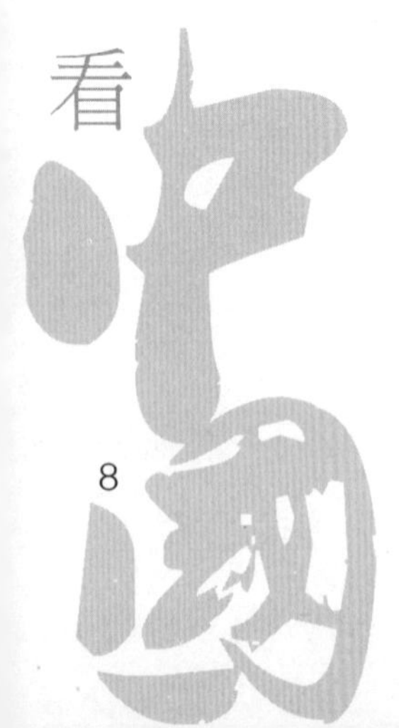

Welcome to china!

당신의 친구, 치치

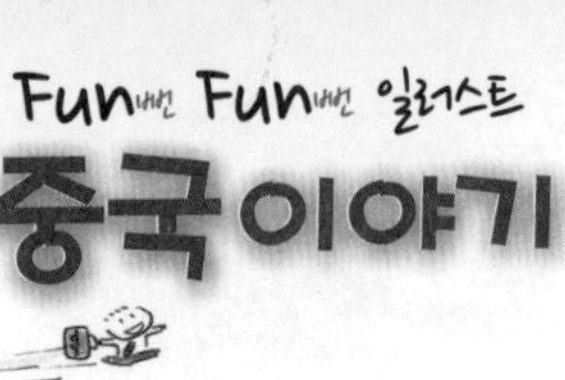

차례

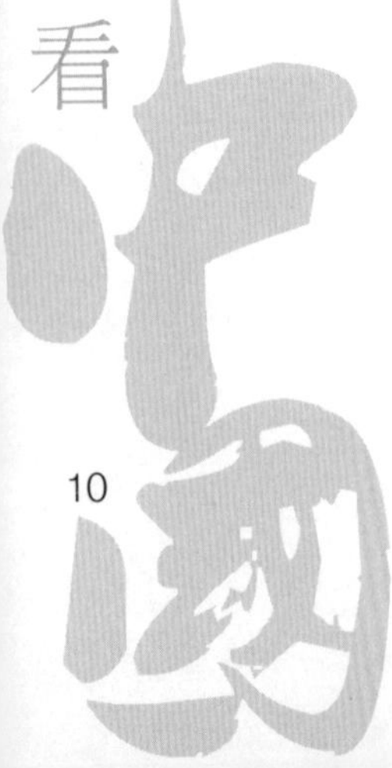

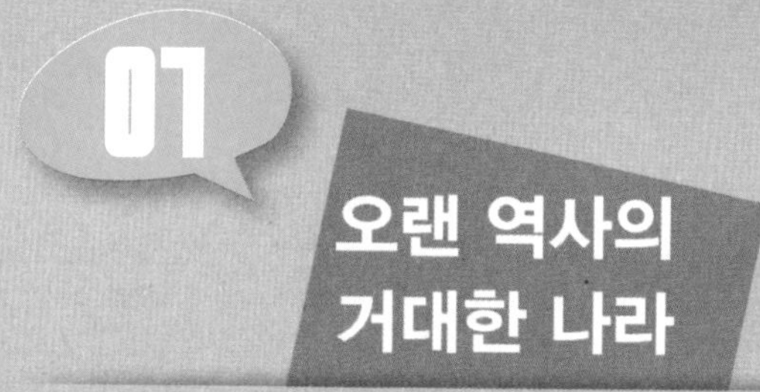

01 오랜 역사의 거대한 나라

중국은 아시아 대륙의 동부 지역, 태평양의 서쪽에 위치하고 있으며 대양을 가로질러 반대편에는 미국이 있다.

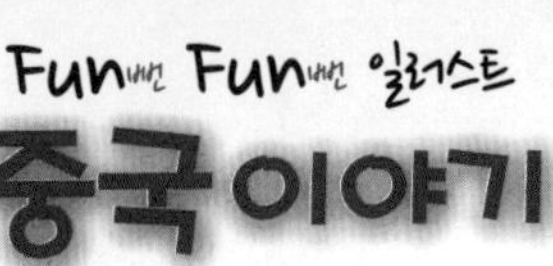

중국은 아시아 대륙의 동부 지역, 태평양의 서쪽에 위치하고 있으며 대양을 가로질러 반대편에는 미국이 있다.

고대 중국인들은 하늘이 둥글고 지구는 정사각형이며, 중국은 그 땅의 중간에 있다고 생각했다. 그래서 나라의 이름을 "중국(中國, zhōnggúó)" 또는 "중화(中華)"라고 불렀다.

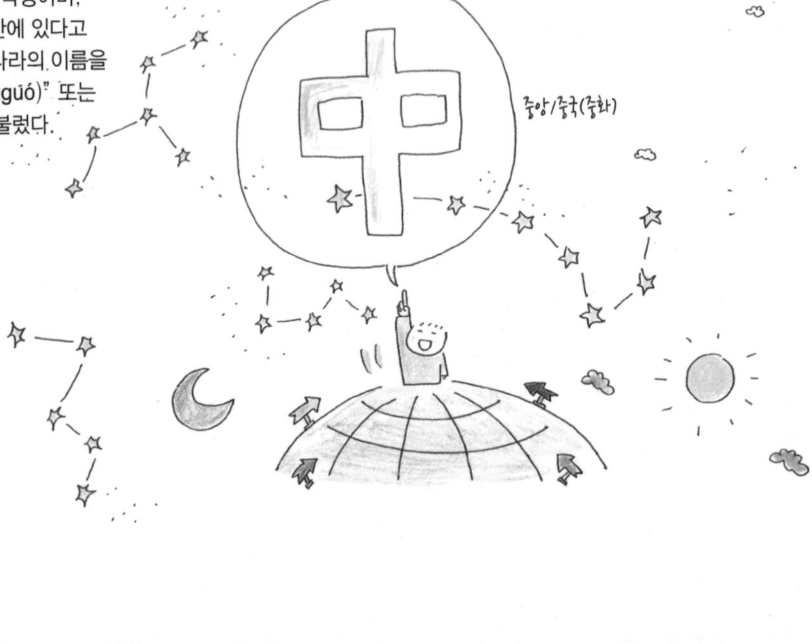

中

중앙/중국(중화)

看中國

5,000년이 넘는 문명, 56개 민족으로 구성된 중국인들은 엄청나게 귀중한 역사적인 유산을 창조했다.

거대한 영토

중국 지도는 머리를 동쪽으로 향하고 있는 수탉처럼 생겼다. 남북의 길이는 약 5,500㎞, 동서의 길이가 5,200㎞이다.

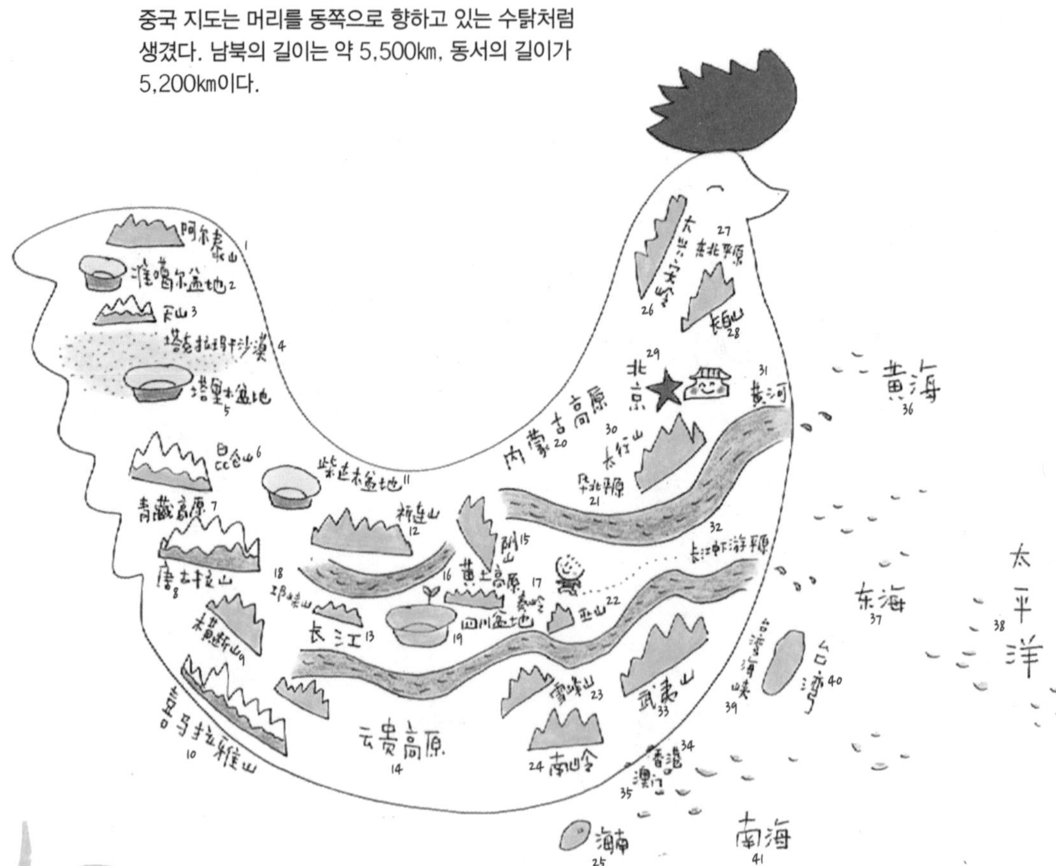

1 알타이산
2 중가르분지
3 톈산
4 타클라마칸사막
5 타림분지
6 쿤룬산
7 칭짱고원
8 탕구라산
9 헝두안산
10 히말라야산
11 차이다무분지
12 치롄산
13 창장
14 윈구이고원
15 인산
16 황투고원
17 친링
18 충라이산
19 쓰촨분지
20 네이멍구고원
21 화베이평원
22 우산
23 쉐펑산
24 난링
25 하이난
26 다싱안링
27 둥베이평원
28 창바이산
29 베이징
30 타이항산
31 황허
32 창장중하류평원
33 우이산
34 홍콩
35 마카오
36 황해
37 동해
38 태평양
39 타이완해협
40 타이완
41 남해

세계의 지붕—칭짱고원

중국의 지형은 계단처럼 생겨서 서쪽에서 동쪽으로 갈수록 완만하게 낮아진다. 첫 번째 단계는 칭짱고원 지대로 평균 해발 4,000m이상이고, 두 번째 단계는 해발 1,000~2,000m의 네이멍구고원과 황투고원, 쓰촨분지 지역이다. 세 번째 단계는 북에서 남으로 이어지는 해발 500~1,000m의 둥베이평원과 화베이평원, 창장중샤류평원 지대이고, 네 번째 단계는 중국 대륙에서 동쪽 바다로 이어지는 해수 200m 미만인 연해 대륙붕 지대다.

중국의 면적은 약 960만㎢로 러시아, 캐나다에 이어 세계에서 세 번째로 크며, 유럽 전체 면적과 비슷하다. 대략 70%의 땅이 산지, 구릉, 고원으로 구성되어 있고, 나머지는 분지와 평원이다.

Fun뻔 Fun뻔 일러스트

중국 이야기

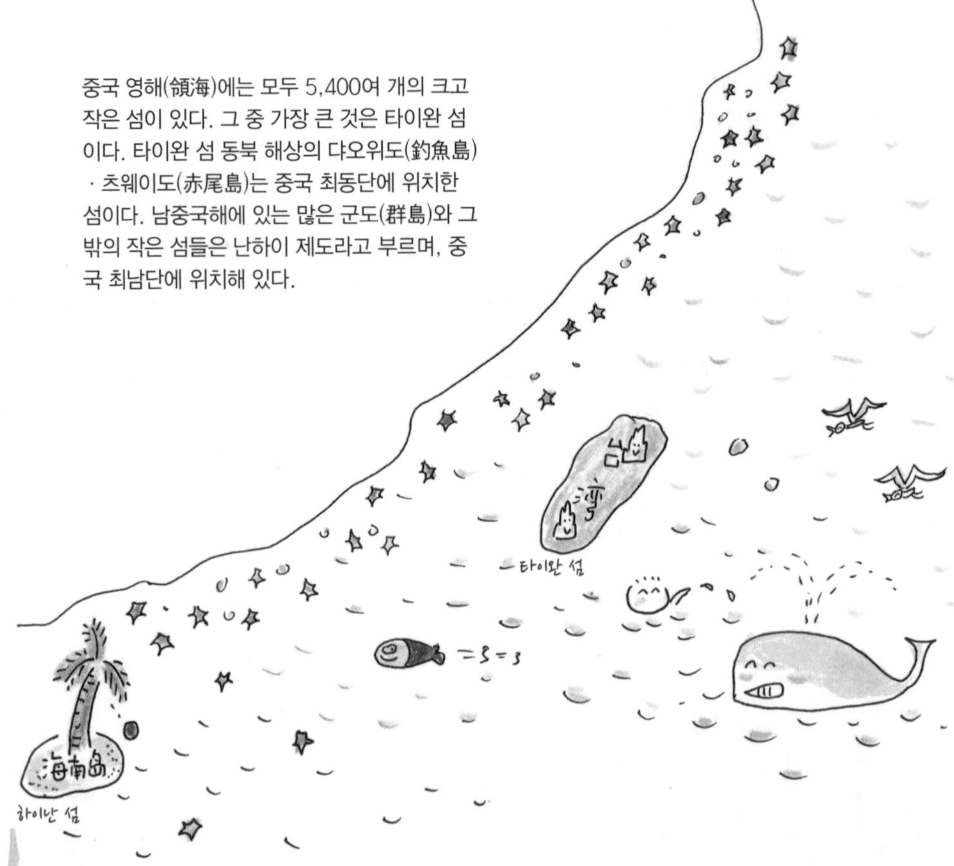

중국 영해(領海)에는 모두 5,400여 개의 크고 작은 섬이 있다. 그 중 가장 큰 것은 타이완 섬이다. 타이완 섬 동북 해상의 댜오위도(釣魚島)·츠웨이도(赤尾島)는 중국 최동단에 위치한 섬이다. 남중국해에 있는 많은 군도(群島)와 그 밖의 작은 섬들은 난하이 제도라고 부르며, 중국 최남단에 위치해 있다.

다양한 기후

중국의 기후는 몬순 기후의 뚜렷한 형태를 띠며, 대륙성의 몬순 기후와 다양한 기후가 특징이다. 겨울에는 북쪽에서 불어오는 바람 때문에 춥고 건조하며 기온이 낮고, 남북이 50도 이상의 기온 차이를 보인다.

중국의 수도인 베이징(北京)은 독특한 기후를 갖고 있다. 봄에는 꽃들이 만발하지만, 여름은 무덥고 비가 많이 내린다. 날씨가 서늘해지는 가을은 베이징에서 가장 좋은 계절이고, 겨울은 춥고 건조하다.

모허(漠河, Mohe)는 중국 최북단에 있는 도시로, 중국에서 겨울에 가장 추운 지역이다. 모허의 1월 평균 기온은 -30.6℃이고, 1969년 2월 13일에는 -52.3℃를 기록해 중국 내 최저 기온 기록을 세웠다. 여름은 7월 중순부터 말까지로 매우 짧고, 낮이 밤보다 길어 19시간이나 계속되기 때문에 "잠 못 이루는 도시"라는 별명을 갖고 있다. 그리고 모허는 중국에서 유일하게 북극광(北極光)을 볼 수 있는 곳이기도 하다.

충칭(重慶)과 우한(武漢), 난징(南京)은 중국의 "3대 화로"로 알려져 있다. 매년 15일에서 35일은 35℃ 이상 기온이 올라간다. 그러나 정작 중국에서 여름에 가장 더운 곳은 신장 웨이우얼 자치구(新疆維吾爾自治區)의 투루판(吐魯番)으로, 7월 평균 기온은 33℃이고, 최고 기온이 46.6℃까지 올라간 적이 있다.

하이난(海南)은 미국의 하와이와 같은 위도에 있다. 해안선 길이가 1,528㎞로, 해변에는 아름다운 관광지가 조성이 되어 있으며, 일 년 내내 기후가 쾌적하다. 겨울에 북방에 찬바람과 눈이 내리면 많은 사람들이 남쪽 하이난으로 와서 따뜻한 해변을 즐긴다.

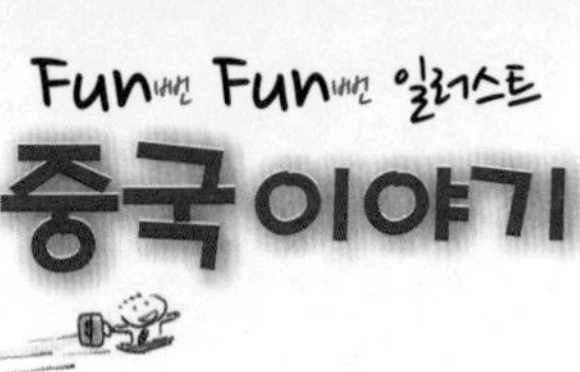

티베트(西藏)의 여름은 시원하고 겨울은 춥다. 고도가 올라감에 따라 기온이 떨어져서 평균 고도가 100m 상승하면 기온이 0.6℃씩 내려간다. 따라서 해발 4,500m 이상의 지역은 일 년 내내 겨울 날씨가 계속된다. 라싸(拉薩)의 연평균 기온은 7.5℃로, 6월 최고 기온은 29.4℃이지만 밤에는 기온이 0℃~5℃까지 내려간다. 그래서 티베트 사람들은 낮에는 한 팔을 소매 밖으로 내놓고, 밤에는 옷을 단단히 묶어서 보온을 유지하는 습관이 있다.

중국의 북서쪽에 위치한 신장(新疆)은 바다와 멀리 떨어져 있고 높은 산들과 접하고 있다. 이 지역은 햇빛이 강하고 기후가 건조하다. 겨울은 특히 춥고, 여름은 몹시 덥다. 거센 모래바람과 낮과 밤의 일교차가 심해서 하루 동안에 여름과 겨울을 모두 경험해볼 수 있다. 심한 일교차로 인해 과일에 탄수화물이 많이 축적되어, 신장의 하미과(哈密瓜, 멜론의 일종)와 수박, 포도, 살구, 복숭아는 특히 달콤하고 맛있다.

양쯔강, 중국에서 가장 긴 강

중국에서 가장 긴 강(중국인들은 '긴 강'이라는 뜻의 "창장長江"이라는 명칭을 널리 사용함)이면서, 세계에서 세 번째로 긴 강인 양쯔강은 중국 수상 교통의 중요한 동서 동맥이다. 칭짱고원에서 발원하여 북서쪽에서 남동쪽으로 흘러가며, 전체 길이가 6,300km이다. 12개의 성(省)과 지역을 가로질러 흐르며 칭하이, 티베트, 쓰촨, 윈난, 충칭, 후베이, 후난, 장시, 안후이, 장쑤, 상하이를 거쳐 최종적으로 충밍(崇明) 섬이 있는 태평양으로 흘러 들어간다.

수천 개의 지류로 이루어진 양쯔강 유역은 180만㎢ 이상을 차지하고 있으며, 대략 200개 도시를 포함하고 있다. 양쯔강은 세 부분으로 나눌 수 있는데, 각 부분마다 다른 풍경을 갖고 있다. 강 상류는 발원지에서 이창(宜昌)까지로 강이 가파른 협곡을 흐르고, 중간 부분인 이창에서 후커우(虎口)까지는 많은 지류와 호수가 있고, 하류는 후커우에서 강어귀까지로 완만하고 넓게 퍼져 있다.

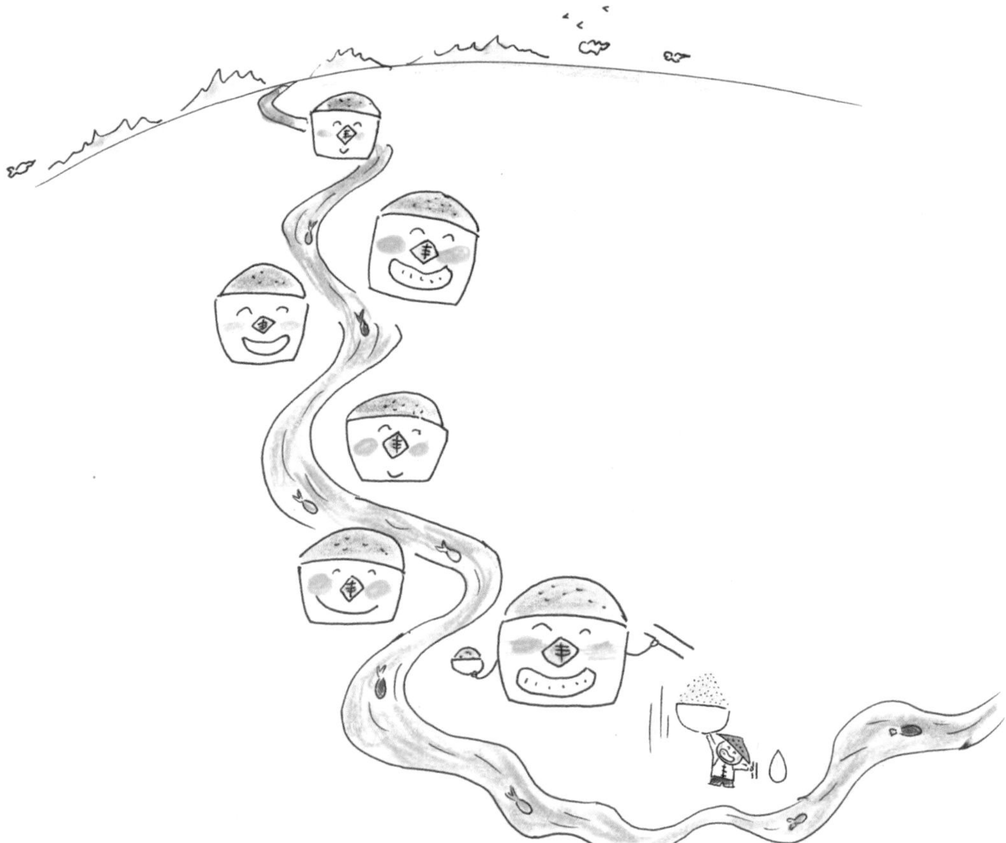

양쯔강 유역은 중국의 거대한 곡창 지대로, 중국에서 생산되는 곡물의 거의 절반 정도가 이곳에서 생산된다. 그 가운데 쌀이 전체 양의 70%를 차지하며, 목화와 밀 • 보리 • 옥수수 • 콩 • 대마와 같은 그 밖의 많은 작물이 이 지역에서 재배된다. 그리고 상하이와 난징 • 우한 • 충칭 • 청두 같은 거대도시가 양쯔강 유역에 자리잡고 있다.

황허, 중국인들의 어머니 강

황허(黃河)는 중국 북부 지역 5,464km를 흐르며, 하늘에서 보면 강이 커다란 한자 "기(几)"자나 용이 나는 모습과 닮았다. 황허는 중국에서 두 번째로 긴 강으로 칭하이(青海)성에서 발원하며, 대략 미국의 버지니아주와 캔자스주, 네바다주, 그리고 그리스 • 터키와 위도가 비슷하다

강 상류는 크지만 인구 밀도가 희박한 산악 지역을 통과하고, 중류는 인구 밀도가 높은 황투고원을 지나가면서 미세한 황토를 하류까지 운반한다. 하류까지 흘러가는 토사가 연간 16억 톤에 달하며, 그 토사의 퇴적에 의해 하구 부근에 넓은 삼각주 지대가 형성되어 물길을 바꾸어놓아 옛날부터 자주 범람했다.

강물에 포함된 대량의 황토로 인해, 황허는 항상 중국에서 가장 다스리기 어려운 강이었다. 중국의 문명이 황허 유역에서 출현했기 때문에, 중국인들은 황허를 "중국 문명의 요람"이라고 부른다. 기원전 21세기부터 3,000년이 넘도록 황허 유역에 다른 왕조들이 수도를 세웠으며, 중국 고대의 "4대 발명품", 즉 종이와 인쇄술, 나침반, 화약이 모두 황허 유역에서 만들어졌다.

고대 인도와 바빌로니아처럼 앞선 농업 문명이 중국의 주요 강 유역을 중심으로 주로 형성되었다. 황허 유역의 많은 황토는 물이 그다지 많지 않아도 잘 자라는 기장과 수수를 재배하기에 적합한 환경을 만들었고, 양쯔강 유역의 많은 호수와 강들은 광범위하게 쌀을 재배하기 좋은 환경이 되어, "물고기와 쌀의 땅"으로 불려졌다.

Fun뻔 Fun뻔 일러스트

중국 이야기

1 元谋人 约1700000年前

2 五帝 约4000年前

3 夏 约前2070 — 约前1600

4 商 约前1600 — 前1046

5 周朝 前1046 — 前256年

6 春秋战国 春秋: 前770 — 前476年 战国: 前475 — 前221年

7 统一中国!! 秦 公元前221年 — 公元前206年

8 汉 公元前206 — 公元220年

9 三国 220 — 280年

10 西晋 东晋 265 — 420年

11 南 420

前3100年左右 埃及建立统一的奴隶制国家 ②

⑤ 前1894年 成立 古巴比伦

⑥ 前509年 罗马成立共和国

⑦ 前73-71年 斯巴达克起义

⑧ 公元世纪 基督教诞生

⑪ 476年 西罗马帝国灭

문명의 여명

20세기 초, 고고학자들은 베이징에서 약 50km가량 떨어진 저우커우뎬(周口店)에 있는 용뼈 언덕(Dragon Bone Hill)에서 50만~70만 년 전에 살았던 베이징 원인(北京原人)을 발굴했으며, 또한 18,000년 전의 산동인(山洞人, upper cave man)을 발견했다. 산동인은 다기능 석기 도구를 만들 수 있었고, 발굴 장소에서 뼈바늘이 발견되어 그 당시에 이미 인간이 옷을 입기 시작했다는 것을 알 수 있다.

1 위안머우 원인(元謀人, Homo erectus yuanmouensis) 약 170만 년 전
2 오제(五帝) 약 4,000년 전
3 하나라 약 기원전 2070년 ~ 기원전 1600년
4 상나라 약 기원전 1600년 ~ 기원전 1046년
5 주나라 약 기원전 1046년 ~ 기원전 256년
6 춘추 전국 시대
춘추: 기원전 770년 ~ 기원전 476년
전국: 기원전 475년 ~ 기원전 221년

7 중국 최초통일
진나라 기원전 221년 ~ 기원전 206년
8 한나라 기원전 206년 ~ 기원후 220년
9 삼국 시대 220년 ~ 280년

10 서진과 동진 265년 ~ 420년

11 남북조 420년 ~ 589년

12 수나라 581년 ~ 618년
13 당나라 618년 ~ 907년
14 오대십국 907년 ~ 960년

15 송나라 960년 ~ 1279년
16 원나라 1206년 ~ 1368년
17 명나라 1368년 ~ 1644년
18 청나라 1616년 ~ 1911년
19 중화민국 1912년 ~ 1949년
20 중화인민공화국 1949년 ~ 현재

② 기원전 3100년 이집트가 통일된 노예제 국가 건립

⑤ 기원전 1894년 고대 바빌론
⑥ 기원전 509년 로마 공화국 성립
⑦ 기원전 73년 ~ 기원전 71년 스파르타쿠스 반란

⑧ 기원후 1세기 기독교 탄생
⑪ 476년 서로마 제국의 멸망

⑬ 622년 무함마드가 메카에서 메디나로 옮겨감.

⑮ 962년 신성 로마 제국 건립
⑯ 14세기 ~ 16세기 유럽의 르네상스

⑰ 1519년 ~ 1522년 마젤란 세계 일주

⑱ 1776년 7월 4일 미국 독립기념일

⑲ 1914년 ~ 1918년 세계 1차 대전
⑳ 1939년 ~ 1945년 세계 2차 대전

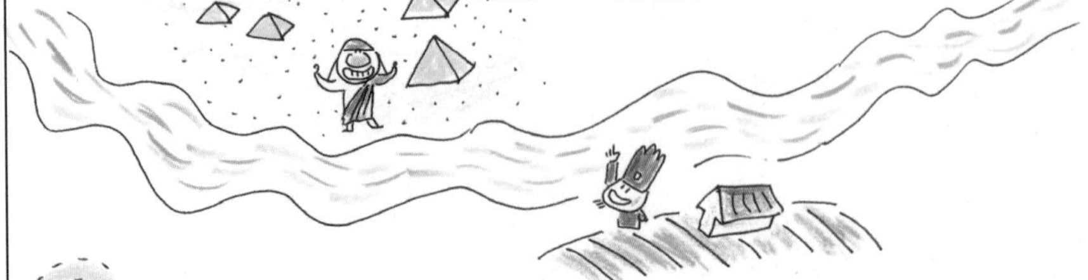

기원전 3500년부터 기원전 3100년까지 이집트에서는 파라오와 상형 문자가 나타났으며, 중국에서는 기원전 2070년에 중국 역사상 문헌에 기록된 첫 왕조인 하나라가 출현했다.

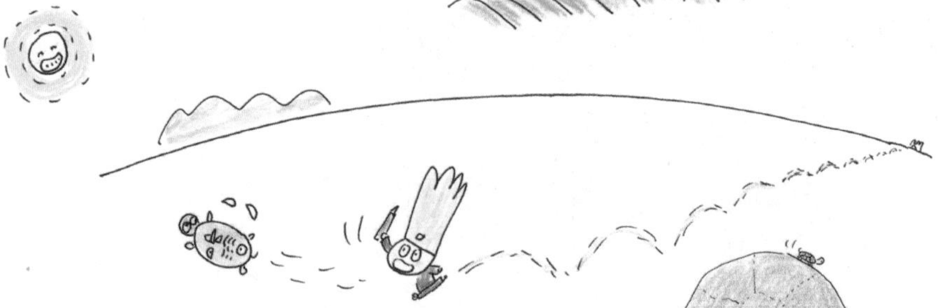

중국은 세계 문명의 발상지 중의 하나로, 20세기 초에, 고고학자들은 상나라(기원전 1600년~기원전 1046년)의 수도였던 허난성 안양(安陽, Anyang)에 있는 인(殷, Yin)에서 약 10만여 개의 소뼈와 거북이 등껍질을 발굴하였다. 소뼈와 거북이 등껍질에는 대략 5,000여 자의 글자가 발견되었다. 주로 점을 볼 때 사용된 것으로 알려졌고, 그것을 통해 고대 초기의 한자(漢字)를 이해할 수 있게 되었다.

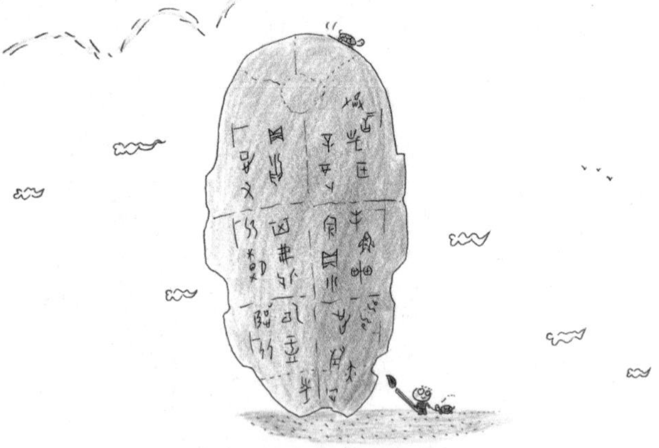

은허(殷墟, Yin ruins)는 면적이 대략 36㎢으로, 환허(洹河)가 도시 사이로 흐르며 다양한 건물들이 합리적으로 배치되어 있다. 이 도시에는 왕궁 지역과 왕들의 무덤 지역, 공동묘지, 수세공 작업장, 보통 사람들의 거주 지역과 노예들의 거주 지역이 있다.
또한 글자가 새겨진 소뼈와 거북이 등껍질, 대량의 청동기와 옥 공예품, 도기, 노예들이 제사의 희생물로 묻혀 있는 구덩이가 발굴되었다. 은허는 유네스코 세계 문화유산 목록에 등재되어 있다.

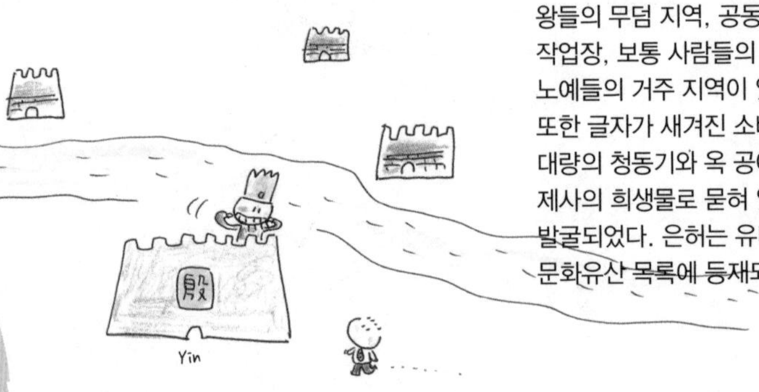

殷

Yin

중국 최초의 통일 국가

중국 역사에서 첫 번째 황제였던 진(秦, qin)은 성이 영(嬴), 이름은 정(政)이다. 기원전 221년에 중국 역사상 처음으로 중국을 통일하여 중앙 집권의 다민족 봉건 국가인 진나라(기원전 221년~기원전 206년)를 세웠으며, 그 스스로 "시황(始皇, 첫 번째 황제)"이라고 불렀다.

제 초 연 조 위 한
齐 楚 燕 赵 魏 韩

진 秦
말 馬(马)
편안하다 安(安)

진시황은 문자와 도량형, 화폐를 통일하고, 군현제(郡縣制)와 율령(律令)을 정비했으며, 도로를 닦아서 각지의 교통체계를 강화했다. 진시황에 의해 만들어진 봉건 국가 제도는 진나라가 건립된 뒤 2,000년 이상 계속되었다.

고대 중국인들은 사람에게 영혼이 있으며 죽은 뒤에 다른 세계에서 살게 된다고 믿었기 때문에, 진시황은 많은 사람을 동원하여 거대한 무덤을 만들도록 했다. 기원전 210년에 진시황이 죽자 그는 웅장한 무덤의 중앙에 묻혔고, 무덤 안에는 많은 구덩이를 파고, 도기로 만든 전사들과 말들을 가득 채웠다.

진시황릉의 건립과 거의 비슷한 시기에 진시황은 중국의 북방 산악 지역에 만리장성을 만들었다. 만리장성은 독특한 방어 구조의 포괄적인 방어 시스템으로서 성벽과 관문, 망루, 성, 요새를 포함하고 있다.

동서양의 대화

단명한 진나라에 이어서, 한나라(기원전 206년~기원후 220년)가 세워졌으며, 한나라 시대는 번영과 관용의 역사적 시간으로 평가된다. 한나라는 그 당시 세계에서 가장 앞선 농업 기술과 도구를 갖고 있었으며, 매우 아름다운 비단을 생산했고, 또한 한나라 때 제지술과 나침반을 발명했다.

한나라 초기, 한나라의 북서쪽 서역으로 가는 길에는 골짜기와 오아시스에 36개 왕국이 있었다. 한 무제(武帝, 기원전 141년~기원전 87년)가 장건(張騫)을 서역에 사신으로 보내, 외교적인 수단으로 유럽과 아시아를 연결하는 "실크로드"를 개척했다.

장건 이후에 각 나라의 낙타 대상(隊商)들은 중국의 실크가 환영받았던 지중해까지 진출했고, 돌아올 때에는 서양의 귀중품들을 갖고 왔다. 따라서 그 당시 세계에서 가장 강력한 왕조였던 동양의 한나라와 서양의 로마가 서로 연결되었다.

한나라가 망하자, 약 400년 동안 혼란이 계속되다가, 중국은 다시 대제국으로 통일되었다. 처음에는 수나라(581년~618년)가 세워졌고, 뒤이어 당나라(618년~907년)가 들어섰다. 당나라는 번영과 긴 역사, 활발한 국제 교역으로 세계에서 가장 큰 제국이 되었다.

당나라의 실크 제품들은 당시 세계 최고의 직물 생산 수준을 보여주며, 또한 도자기 산업도 빠르게 발전했다. 당나라의 주요 수출품인 실크와 도자기는 다른 나라의 선진 기술, 문화와 교환되었다.

자이언트 판다는 중국의 국가 보물로, 귀엽고 천진난만한 외모로 많은 사랑을 받고 있다. 중국 정부는 특별한 우정의 표시로 자이언트 판다를 다른 나라에 선물하거나 빌려주곤 하여 동서양 교류에 특별 사절이 되었다.

농업 사회의 점진적 변화

고대 중국 문명은 씨족 공동체의 특징을 갖춘 농업 문명이었다. 각 가정은 남자가 밖에서 농사를 짓고 여자는 집에서 직물을 짜는 자급자족의 단위로, 농촌 가정의 이상적인 상황이었지만, 점차 남자는 교육과 제국의 문명화된 시험을 통해 높은 지위와 존중을 받을 수 있었다.

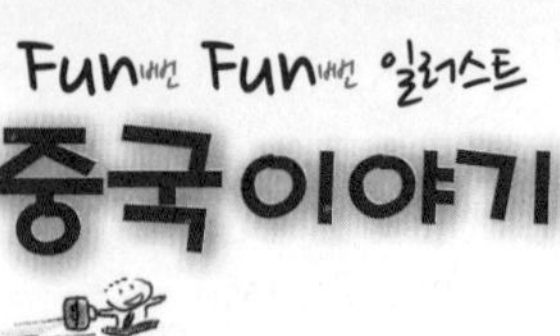

송나라(960년~1279년)는 중국 역사상 사회적, 경제적, 문화적 발전에서 중요한 시대로 급속한 도시의 발달과 상품 경제의 번영으로 새롭게 도시 계층이 등장했으며, 전통적인 농업 사회가 점차 변화했다.

송나라 때에는 무역이 꾸준히 발달했고, 수도 카이펑(開封)은 국제적인 무역 도시로 번창했으며, 상인들의 신분이 상승했다. 이러한 추세는 명나라와 청나라에 이르러 더욱 뚜렷해졌다. 송나라부터 청나라까지 수공업이 번창하여, 중국은 외국과의 무역에서 오랫동안 안정적으로 주도적인 역할을 할 수 있었다. 다양한 종류의 실크 제품과 도자기가 서양에서 인기가 있었고, 송나라 때부터의 바닷길은 "도자기 길"로 알려지게 되었다.

고대 도시들은 강력한 정치적, 군사적 기능을 갖고 있었지만 송나라 때에는 상품 경제의 발달로 도시가 지역 경제 중심으로서의 지위가 크게 강화되었다. 게다가 도시들은 수공업(예를 들면 징더전景德鎭)과 무역(예를 들면 취안저어泉州)이 번창하여, 도시의 경제 역할이 더욱 중요해졌다.

자금성

고궁박물원은 "자금성(Forbidden City)"으로도 알려져 있으며, 명나라와 청나라 황실의 궁궐로, 지금까지 세계에 남아 있는 가장 크고 복잡한 궁궐이다. 자금성은 명나라의 영락제가 1406년부터 짓기 시작하여 1420년에 완성했다.

자금성의 건물은 장엄하며, 특히 태화전(太和殿), 중화전(中和殿), 보화전(保和殿)과 같은 세 개의 주요 전각이 있다. 세 전각에 연속적으로 이어져 있는 8m 높이의 흰 대리석 계단은 봉건 황제의 최고 권력을 나타내며, 자금성은 제국의 힘을 상징한다.

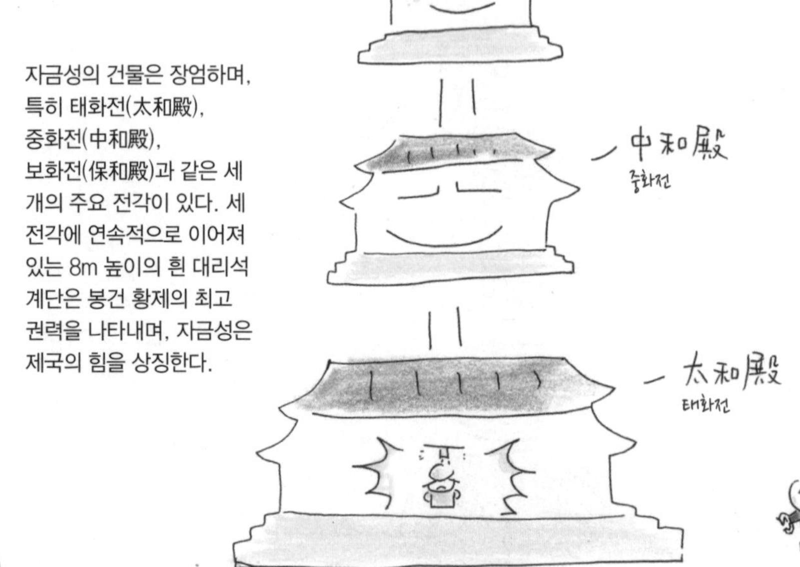

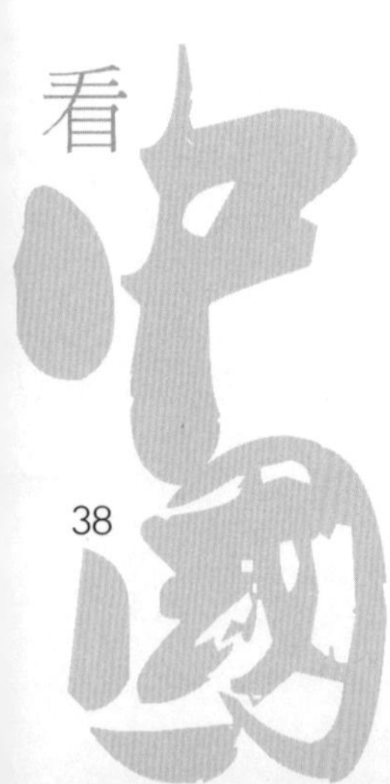

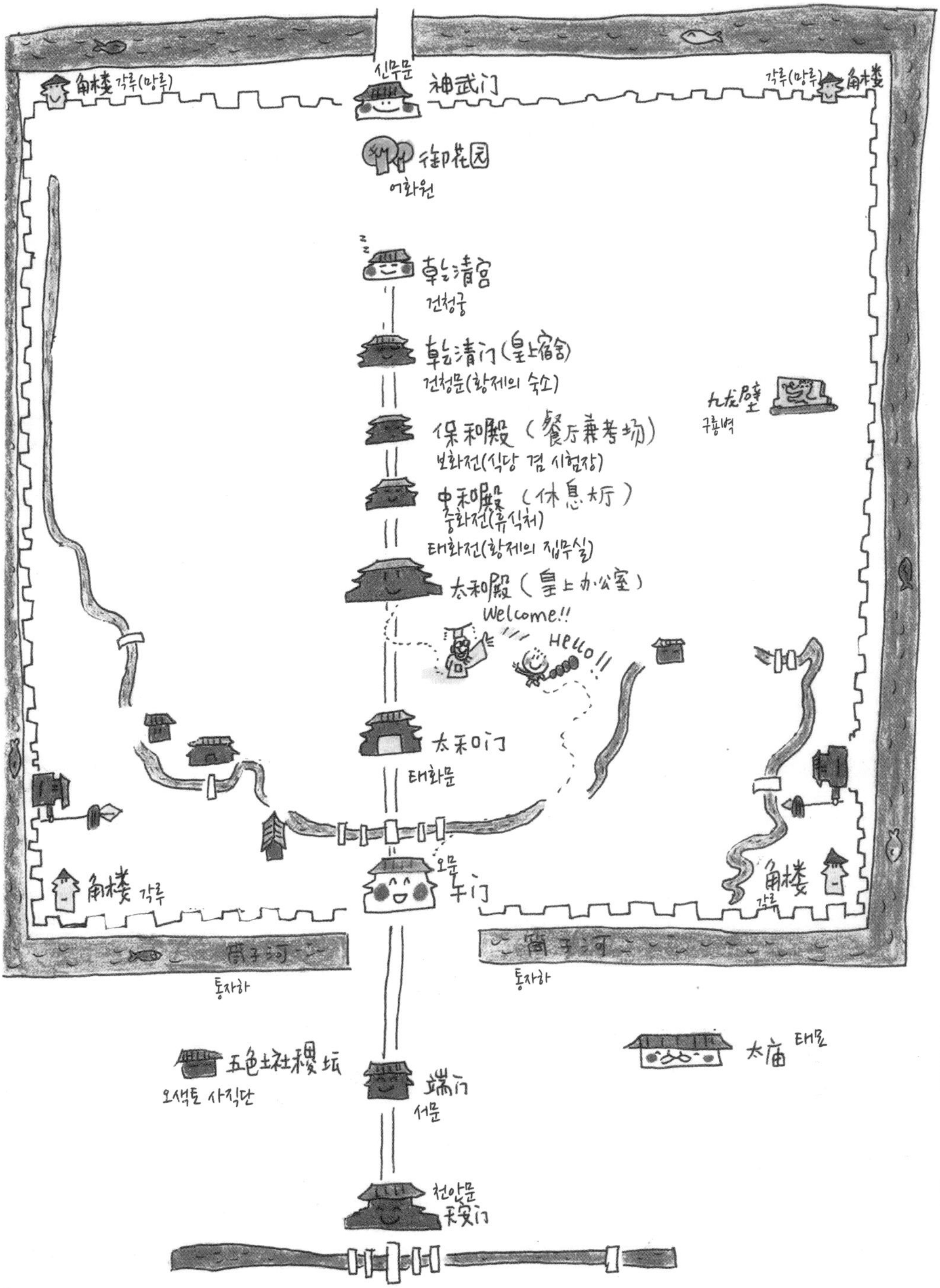

角楼 각루(망루)
신무문 神武门
각루(망루) 角楼
御花园
어화원
乾清宫
건청궁
乾清门(皇上宿舍)
건청문(황제의 숙소)
九龙壁
구룡벽
保和殿 (餐厅兼考场)
보화전(식당 겸 시험장)
中和殿 (休息厅)
중화전(휴식처)
태화전(황제의 집무실)
太和殿 (皇上办公室)
Welcome!!
Hello!!
太和门
태화문
오문
午门
角楼 각루
角楼
각루
筒子河
통자하
筒子河
통자하
五色土社稷坛
오색토 사직단
端门
서문
太庙 태묘
천안문
天安门

17~18세기까지 청나라의 유명한 강희(康熙, 1654년~1722년) 황제는 타이완을 중국에 복속시켜 통일을 이루었으며, 차르 체제 러시아의 확장을 억제시켰고, 법을 완벽하게 정비했으며, 티베트를 원정하여 그 지배권을 빼앗았다. 강희제의 통치 아래서 중국의 총 국토 면적은 1,100만㎢를 넘었다.

그러나 19세기 초부터 청나라는 쇠퇴하기 시작했고, 1840년에 영국과의 아편 무역을 거부하여 중국과 영국의 첫 번째 아편 전쟁이 발발했다. 동양의 고대 농업 제국인 중국은 새롭게 부각한 서양의 산업 제국과의 전쟁에서 패하여, 강제로 영토를 할양하고 배상금을 지불했다. 중국 역사에서 1842년을 전환점으로 중국은 반식민지 사회가 되었다.

자금성은 황궁이었지만 지금은 박물관으로,
중국인들에게는 문화적, 예술적, 사회적,
역사적인 건축물이다.

베이징, 현대적인 국제 도시

1949년에 중화인민공화국(PRC)이 수립되었고, 60년 동안 중국에는 많은 변화가 있었다. 현재 중국은 안정된 발전 단계에 들어갔으며, 모든 분야에서 인상적인 성과를 거두고 있고, 중국인들의 생활 패턴에 주목할만한 변화가 일어났다. 베이징과 상하이에 살고 있는 사람들의 생활은 런던이나 뉴욕과 크게 다르지 않지만, 그곳으로부터 멀리 떨어져 있는 지역에서는 여전히 전통적인 삶을 유지하며 살고 있다.

베이징은 중국 정치, 경제, 문화의 중심이다. 고대 문화와 현대 문명이 어우러진 베이징은 3,000년이 넘는 역사와 수도로서 850년이나 된 세계적인 역사, 문화의 중심지이며, 중국의 4대 고도(古都) 중의 하나이다.

오랜 역사를 통해 베이징에는
만리장성과 이화원, 자금성,
천단 등과 같은 귀중한
문화유산이 남아 있다.…

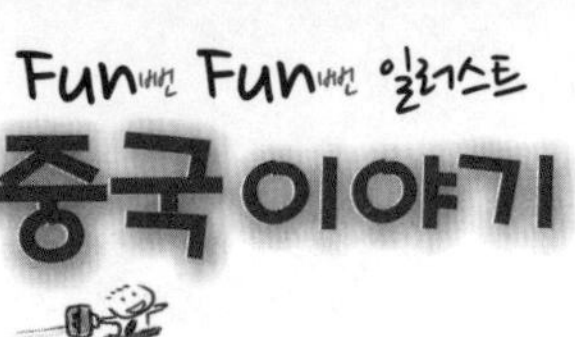

오늘날 베이징은 현대적인 국제 도시가 되었다. 베이징의 수도국제공항과 베이징 올림픽 주경기장(냐오차오鳥巢라고 불림), 쉐이리팡(水立方, Water Cube), 국가대극원(國家大劇院), CCTV타워와 창안대로(長安大街)를 따라서 높게 솟아 있는 빌딩들은 모두 수도의 현대적인 분위기로 가득 차 있다. 금융가(金融街)는 이미 중국의 금융 경영의 중심이 되었으며, 핵심비즈니스 특구(CBD, Central Business District)는 베이징의 개방과 경제적 힘을 상징한다.

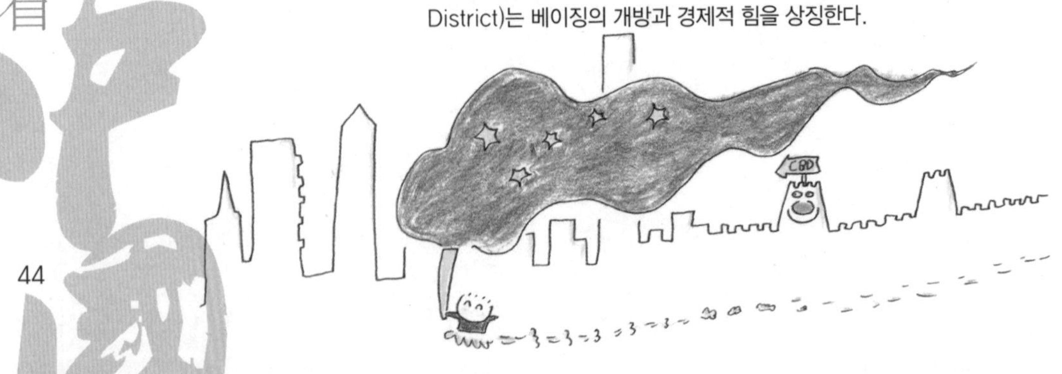

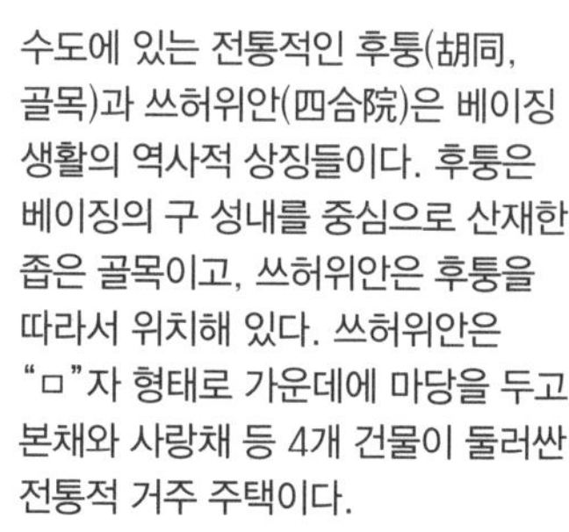

수도에 있는 전통적인 후퉁(胡同, 골목)과 쓰허위안(四合院)은 베이징 생활의 역사적 상징들이다. 후퉁은 베이징의 구 성내를 중심으로 산재한 좁은 골목이고, 쓰허위안은 후퉁을 따라서 위치해 있다. 쓰허위안은 "ㅁ"자 형태로 가운데에 마당을 두고 본채와 사랑채 등 4개 건물이 둘러싼 전통적 거주 주택이다.

베이징에는 또한 많은 전위 예술가와 현대 예술가들이 살고 있다. 2002년부터 베이징 북동쪽에 버려진 공장 단지에 예술가들과 문화 중개인들이 건물을 빌려 예술 갤러리와 예술 센터, 예술 스튜디오, 디자인 회사, 레스토랑, 바 등을 꾸몄다. 지금은 이곳을 "베이징 798 이수취"라고 부르며, 중국 문화와 예술, 특히 전위 예술을 위한 전시 센터가 되었다.

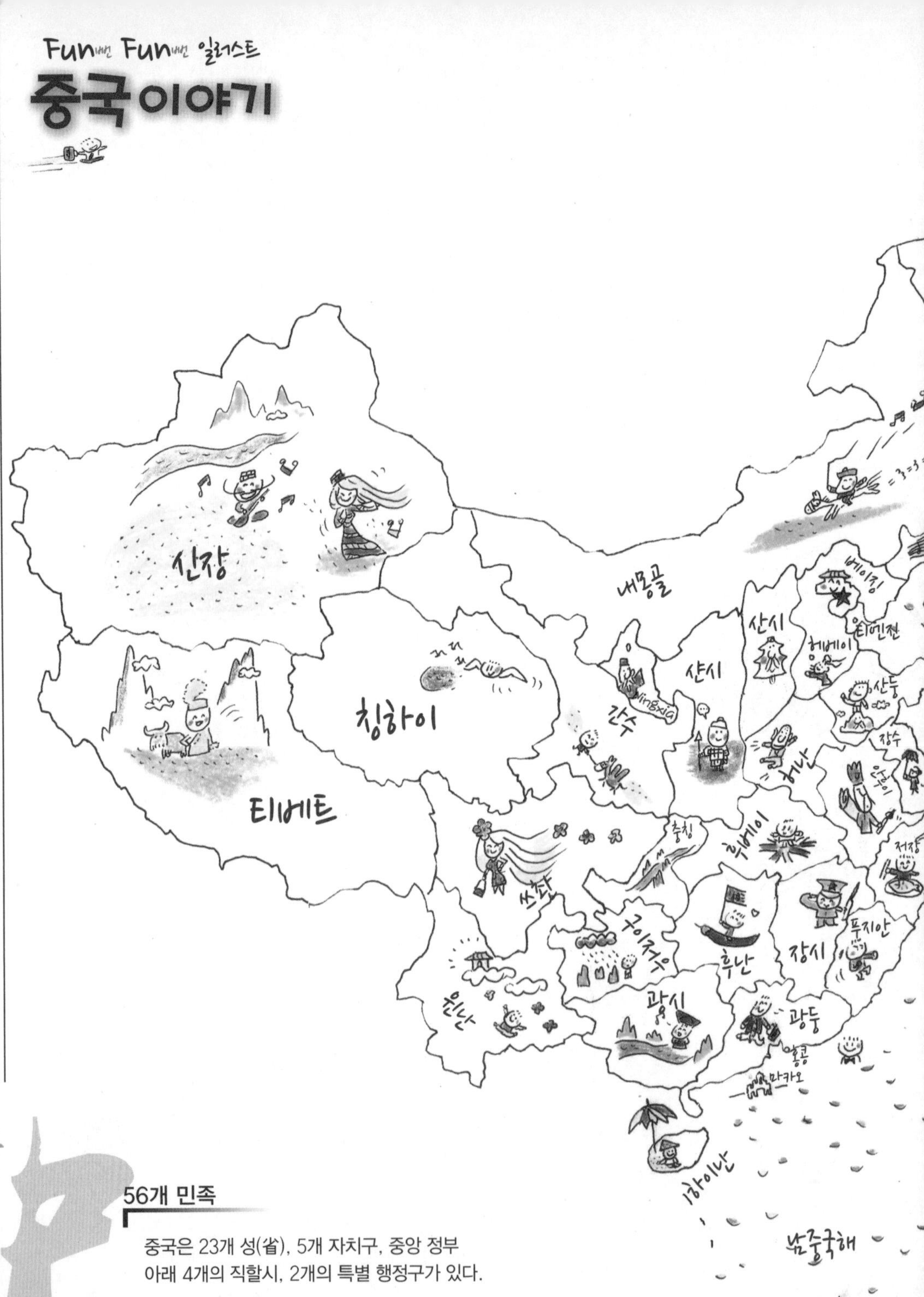

56개 민족

중국은 23개 성(省), 5개 자치구, 중앙 정부 아래 4개의 직할시, 2개의 특별 행정구가 있다.

중국은 56개 민족으로 구성된 나라로, 그 중에는 한족, 멍구족, 후이족, 티베트족, 위구르족, 먀오족, 그리고 여러 소수 민족이 있다. 거주 지역이 매우 광범위하며, 5개의 소수 민족 자치구 이외에도 대부분의 성, 시에는 자치주, 자치현이 운영되고 있다.

각 민족마다 전통 의상과 음식, 문화, 언어가 매우 다르지만, 전체적으로 56개 민족은 다양하면서도 거대한 하나의 민족을 형성한다. 한족이 중국 인구의 90% 이상을 차지하며, 나머지 55개의 소수 민족 중에서는 좡족(壯族)이 1,600여 만 명으로 인구가 가장 많고, 뤄바족(珞巴族)이 대략 3,000명으로 가장 적다.

중국은 인구가 13억이 넘으며, 중국 정부는 1가구 1자녀의 인구 조절 정책을 시행하고 있다. 이 정책은 중국 자신들에게 필요할 뿐만 아니라, 대외적으로는 국제적 안정과 발전에도 크게 기여하고 있다.

NO.1

중국의 기록

중국은 다른 나라들처럼 많은 세계 기록을 갖고 있다.

천안문광장은 세계에서 가장 큰 광장으로, 베이징시의 정중앙에 위치해 있으며, 남북으로 880m, 동서로 500m, 넓이 44만m²로, 최대 100만 명까지 수용할 수 있다.

만리장성은 세계에서 가장 긴 성벽으로, 진나라 때부터 세워지기 시작했으며, 동서로 약 6,400km(중간에 갈라져 나온 가지를 모두 합하여)에 걸쳐 뻗어 있다.

자금성은 세계에서 가장 큰 궁궐로, 고궁박물원으로도 알려져 있다. 전체 면적이 72만㎡이며, 건평은 15만㎡이다. 자금성은 10m 높이의 성벽과 52m 넓이의 해자(垓子)로 둘러싸여 있다.

포탈라궁은 세계에서 가장 높은 곳에 위치한 궁궐로, 티베트 자치구의 성도인 라싸에 위치하고 있다. 전체 면적은 10만㎡이며, 세계 10대 건축물의 하나로 꼽힌다.

황투고원(黃土高原)은 세계에서 가장 큰 황토 지형으로, 면적이 30만㎢이다. 고원의 주요 부분은 황토로 덮여 있다. 오랜 세월 물에 침식되었으며, 구불구불한 협곡으로 이루어진 독특한 자연 경관을 보여준다.

칭짱고원은 세계에서 가장 높고 젊은 고원으로, 평균 해발 고도는 4,500m이고, 전체 면적은 약 250만㎢나 되며, "세계의 지붕"으로 불린다.

야루짱부(雅魯藏布)강은 세계에서 가장 높은 곳에 있는 강으로, 히말라야 산맥의 북쪽 기슭에서 발원하여, 전체 길이는 3,848km이며, 중국 내 전장은 2,057km로, 하천의 유역 면적은 총 240,480㎢에 달한다.

히말라야산은 세계에서 가장 높은 산으로, 이 산맥의 가장 높은 봉우리는 우리가 일반적으로 에베레스트라고 부르는 초모랑마(Qomolangma)이다. 높이는 8844.43m이며, 세계에서 가장 높은 봉우리이다.

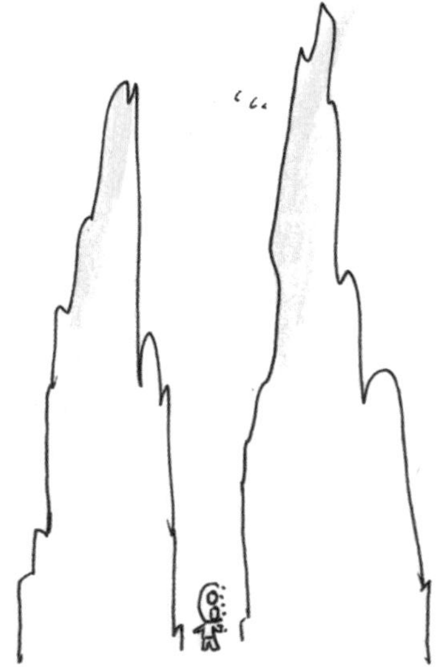

504.6km의 야루짱부 대협곡은 세계에서 가장 깊고 긴 협곡으로, 협곡의 가장 가파른 핵심 부분은 240km, 평균 깊이가 5,000m가 넘는다. 가장 깊은 곳은 거의 히말라야 산맥 동쪽 끝자락에 위치한 남차바르와봉과 같이 5,382m나 된다.

신장(新疆)에 있는 투루판분지는 세계에서 가장 낮은 분지로, 해수면보다 154m가 낮다.

베이징-항저우 대운하는 세계에서 가장 긴 인공 수로이며, 길이가 1,794km이다. 북쪽의 베이징에서 남쪽에 있는 항저우까지 흐른다.

칭짱철도는 세계에서 가장 긴 고원 철도로, 칭하이성의 시닝(西寧)부터 거얼무(格爾木) 구간과 거얼무에서 라싸(拉薩)까지로 전체 길이가 1,956km이다.

실크로드는 동양과 서양의 가장 오래된 교역로이며, 기원전 100년부터 생겨났다.

러산대불(樂山大佛)은 세계에서 가장 큰 석조 조각상으로, 대불의 전체 높이가 71m이고 머리의 길이는 14.7m이다.

저장(浙江)성 양쯔강 하류 톈무산(天目山)이 원산지로 알려져 있는 은행나무는 지구상에 살아남아 있는 식물 가운데 가장 오래된 것 중 하나로, 공룡들이 지구에 살았던 250만 년 전부터 있었던 생명력 있는 나무이다.

《손자병법(孫子兵法)》은 세계에서 가장 오래된 군사학 서적으로, 이 책의 저자는 손무(孫武)이며, 기원전 550년과 540년 사이에 태어났다.

《사기(史記)》는 세계에서 가장 이른 전기체 문학으로, 드라마틱한 전기적 역사책으로 유명하다. 이 책은 고대부터 한나라 초기까지 3,000년 동안 중국의 정치, 경제, 문화적 상황을 전반적으로 기록했다.

이웃나라가 가장 많고, 친구가 가장 많은

邻国最多…
朋友最多

중국은 세계에서 가장 많은 나라와 국경을 접하고 있는 나라이다. 내륙 국경선은 228만㎞, 육지로 국경을 접하고 있는 나라는 14개 국가이고, 8개 나라가 바다로 접해 있다.

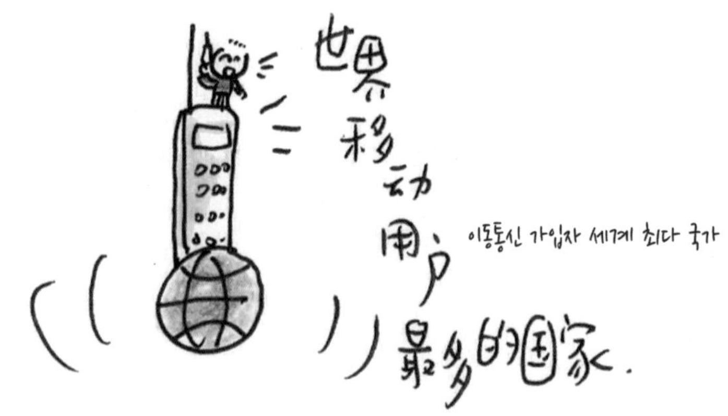

중국은 세계에서 휴대 전화 가입자 수가 가장 많은 나라로, 9억2천984만 명(2011년 7월말 현재)의 휴대 전화 가입자가 있다. 또한 세계에서 가장 큰 GSM*과 CDMA** 네트워크 용량을 갖고 있다.

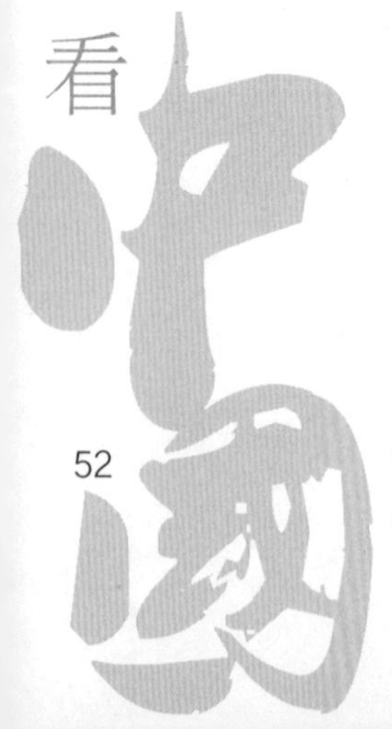

* GSM(Global System for Mobile communications)
유럽 및 기타 지역에서 광범위하게 사용되는 디지털 이동 전화 시스템.

** CDMA(code division multiple access)
코드 분할 다중 접속. 하나의 채널로 한 번에 한 통화밖에 하지 못하는 한계가 있는 아날로그 방식의 문제점을 해결하기 위해 개발된 디지털 방식 휴대 전화의 한 방식.

02 동방의 지혜

중국 문화는 풍요와 관용이 특징이다. 유교 철학은 일상생활의 문제를 다루는 데 초점을 맞추어 중국 사람들의 존경을 받았고, 노자(老子)와 장자(莊子)의 철학은 자유로운 삶을 추구함으로써 사람들의 영혼을 향유하는 데 이바지했다. 파노라마식의 문화는 이처럼 강력한 사고의 역사적 환경에서 유래되었다.

공자의 삶에 대한 활발한 추구

공자(孔子, 기원전 551년~479년)는 춘추 시대 후기의 교육자이자 사상가, 유교의 창시자이다. 공자에게는 3,000명의 제자와 그 중 72명의 뛰어난 제자들이 있었다고 하며, 공자의 가르침은 제자들에 의해 《논어(論語)》라는 이름의 책으로 정리되었고, 유가의 경전으로 지금까지 전해지고 있다.

공자 이론의 핵심은 인(仁, 어짐)과 예(禮, 예절)로, 사람들이 서로 평화롭고 조화롭게 살아야 하며, 서로 깊이 존경으로 대해야 한다는 것을 의미한다. 오늘날 그의 사상은 여전히 중국인들의 성격과 행동에 커다란 영향을 주고 있다.

공자는 사람들의 삶에 관심을 가졌고, 자비로운 국가를 만들 것을 주장했다. 63세의 나이에 많은 역경을 겪으면서 9년 동안 제자들과 함께 통치자들에게 그의 정치적 이상을 펼치고자 천하를 돌아다녔지만, 어느 나라에서도 그를 오래 등용하지 않았다. 결국 그는 정치적인 삶을 실현시키지는 못했지만, 그의 꿈을 포기하지는 않았다.

공자는 인간관계에서 충(忠, 성실)과 서(恕, 관용)를 강조했다. 충은 다른 사람을 대하는 데 충실하고 정직해야 한다는 것이며 전심전력으로 자신의 의무를 다하는 것이다. 서는 자기 마음을 미루어 남의 마음을 헤아리고, "자기가 원하지 않는 것을 남에게 하지 말라(己所不欲, 勿施於人)"는 것을 의미한다. 하늘의 명령에 대한 현명한 자세를 보여주고 있으며, 인간의 힘에 더 중요성을 부여했다.

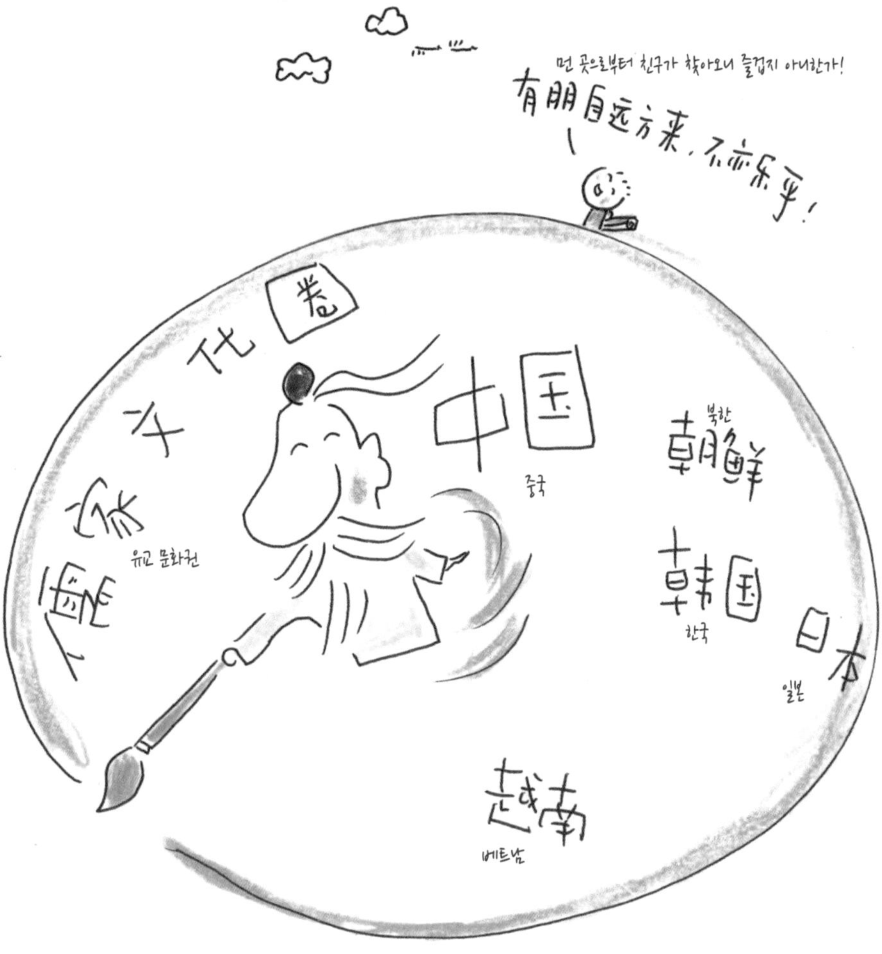

공자와 공자의 가르침은 중국을 포함한 한국과 일본, 베트남 등 많은 아시아 국가에게 영향을 끼쳐, "유교 문화권"을 형성했다.

노자와 장자 철학에서 무위(無爲)의 개념

《도덕경(道德經)》은 춘추 시대 노자(기원전 600년 무렵에 태어남)에 의해 지어졌다고 알려져 있다. 이 책은 단지 5,000여 자로 이루어져 있지만 중국 고유 종교인 도교(道敎)의 중요한 원천으로, 고대 중국 철학과 과학, 정치, 종교에 깊은 영향을 끼쳤다.

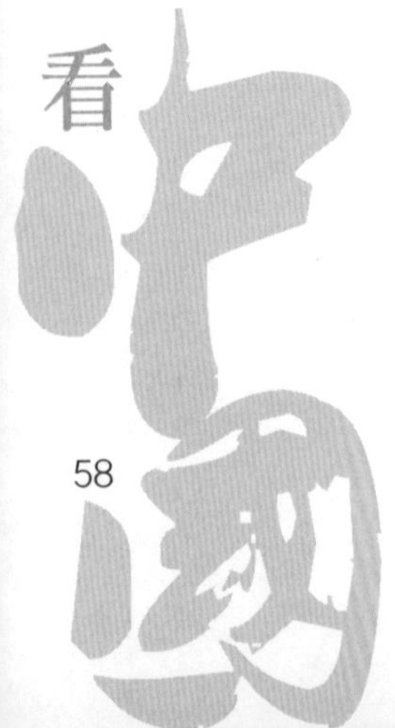

노자 철학의 핵심은 무위(無爲)이다. 그의 관점에서는 모든 것이 도(道)와 같이 자신만의 행동 양식을 갖고 있으며, 사람들은 도를 저버리기보다는 찾고 따라야 한다고 생각했다.

장자(莊子)가 혜자(惠子)와 함께 하오수이(濠水)에 있는 둑을 따라 거닐다가 나눈 대화를 통해 인생에 관한 그의 생각을 엿볼 수 있다. 장자가 "물고기들이 얼마나 유유히 헤엄치고 있는지 보게. 이것이야말로 진정 물고기들의 즐거움일 거야!"라고 말했다. 장자의 눈에 "물고기의 행복"은 내재된 이치를 담고 있다. 그는 물고기가 깨달음을 이루었다고 보았고, 물은 도(道)라고 생각했으며, 몹시 갈구하는 욕망이나 다툼 없이 근심 없는 물고기는 장자의 삶에 대한 태도를 나타낸다.

변화하는 《주역(周易)》

《주역》은 《역경(易經)》이라고도 한다. 처음 만들어지기 시작한 것은 3,000년 전 이전으로, 오랫동안 중국 전체에 영향을 끼쳤다. 공자는 죽간으로 만든 책의 가죽 끈이 여러 번 끊어지도록 이 책을 읽었다고 하며, 진나라와 한나라 때까지 아무도 이 책을 완벽하게 이해한 사람이 없었다고 한다.

《주역》에 따르면, 우주의 모든 것들은 끊임없이 변하고 있다. "역(易)"은 "변하다"는 뜻이며, 또한 음(陰)과 양(陽)은 두 개의 상대적인 변화의 요소들이다.

《주역》은 진취적인 정신과 관대한 인내를 똑같이 중시하고 있으며, 책에서 다음과 같이 적고 있다. "하늘의 운행은 굳건하니, 군자는 그것으로서 스스로 힘쓰고 쉬지 않는다. 땅의 형세는 순리를 따르니, 군자는 넓은 마음으로 천하를 담는다."

수 천 년의 굴곡을 거친 뒤에 《주역》은 중국 문명의 근원이 되었다.

《손자병법(孫子兵法)》의 지혜

《손자병법》은 중국의 가장 유명한 군사 전문 서적이다. 이 책의 핵심 사상은 한쪽이 전쟁에서 승리하기 위해서는 불시에 이동하여 유리한 상황을 만들고, 비밀을 유지하면서 실제로 배치하여, 전쟁에서 주도권을 잡는 것이다.

책의 저자인 손자(孫子)에 따르면, 전쟁은 국가의 흥망에 대단히 중요한 요소이므로 반드시 철저하게 공부해야 한다고 했다. 《손자병법》에는 전쟁의 법칙을 잘 드러나 있는데, 예를 들면 “적을 알고 나를 알면 백 번 싸우더라도 모두 이길 수 있다” 등이다. 손자는 전쟁에서 주도권을 잡기 위해서는 다양한 방법으로 적에 대한 군사적 정보를 모아야 한다고 주장했다.

엄밀한 의미에서 손자는 전쟁을 반대했다. 그는 전쟁은 자원을 낭비하는 것이기 때문에 싸우지 않고서 이기는 것이 가장 좋은 것이며, 싸우지 않고 적을 붙잡는 것이 완벽하게 승리하는 것이라고 생각하여 치밀하게 전략을 세워 승리해야 한다고 했다. 싸우지 않고 적을 붙잡는 것은 고대 전쟁의 역사에서 발달된 인도주의적인 사고를 나타낸다.

손자의 군사 사상은 중국의 군사 전문가와 정치가, 사상가들에게 큰 영향을 끼쳤으며, 군사 전략에서 가장 성공적인 책으로 평가받았다. 《손자병법》은 수십여 종의 언어로 번역되어 전 세계에 소개되었다.

약동하는 한자(漢字)

중국어(中國語)는 중국에서 사용되는 공통어이며, 한자는 글말 중국어로 사용되는 표의 문자(表意文字)이다. 중국인들이 발명한 한자는 세계에서 오늘날까지 사용되는 가장 오래된 대표적인 표의 문자이다. 필기 문자의 역사는 대략 4,000년 전까지 거슬러 올라가며, 셀 수 없이 많은 한자가 있지만 대략 3,500자 정도만 일반적으로 상용되고 있다.

한자는 중국 대륙에서 사용하는 간략화된 형태의 간체자(簡體字)와 주로 홍콩이나 마카오, 타이완, 북미의 화교 사회에서 사용하는 전통적인 형태의 번체자(繁體字)로 나누어진다. 최근 국제 사회에서는 점점 더 많은 사람이 중국어를 배우고 있으며, 간체자가 더욱 광범위하게 사용되고 있다.

한자를 만들 때 상형 문자가 한자의 일부분을 구성하였는데, "해"를 "日(ri)", "달"을 "月(yue)"처럼 대상의 모양을 묘사하고, 특징을 강조하여 나타내었다. 예를 들면 "새벽"을 나타내는 "旦(dan)"은 위에 있는 부분이 해를 나타내고, 아래 있는 부분은 지평선을 나타낸다. 동시에 태양이 지평선으로부터 서서히 떠오르는 그림을 만들어서, "새벽녘", "시작"의 뜻을 포함하고 있다.

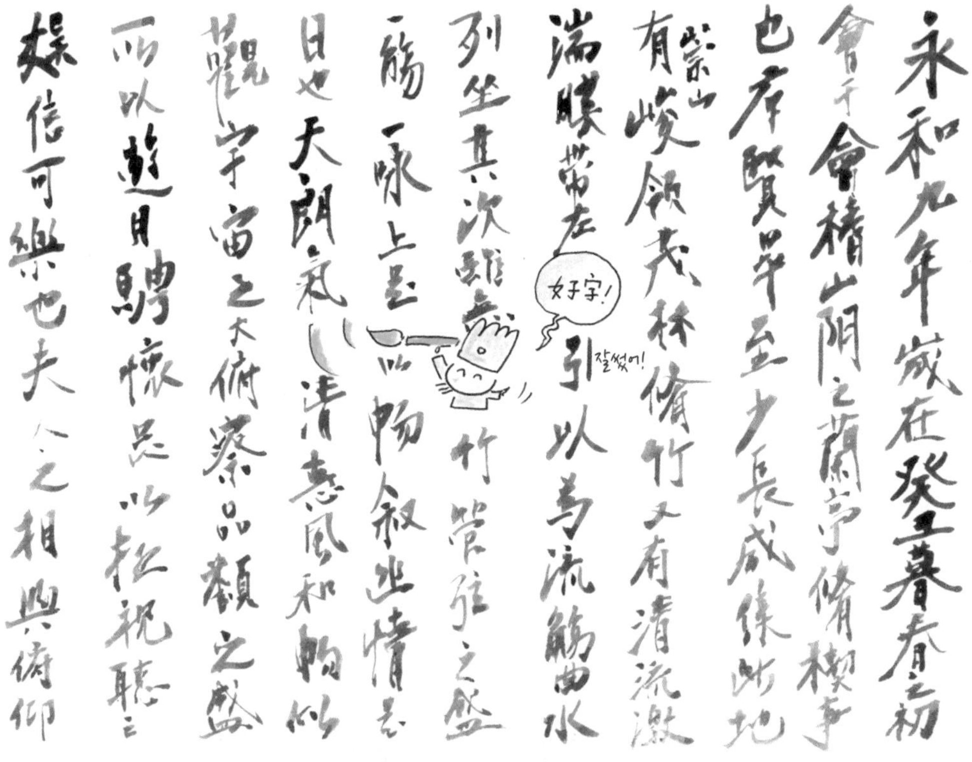

永和九年歲在癸丑暮春之初
會于會稽山陰之蘭亭脩禊事
也群賢畢至少長咸集此地
有崇山峻領茂林脩竹又有清流激
湍暎帶左右引以為流觴曲水
列坐其次雖無絲竹管弦之盛
一觴一詠亦足以暢敘幽情是
日也天朗氣清惠風和暢仰
觀宇宙之大俯察品類之盛
所以遊目騁懷足以極視聽之
娛信可樂也夫人之相與俯仰

好字!
잘썼어!

서예의 독특한 예술은 한자를 통해 구현되었으며, 보통 염소나 족제비 털로 만든 붓을 사용했다. 부드러운 붓 끝을 먹에 담그면 다양한 종류의 놀라움을 만들어낼 수 있는데, 중국 역사에서 많은 유명한 서체들이 전해진다.

한자의 발전은 매우 흥미롭다.

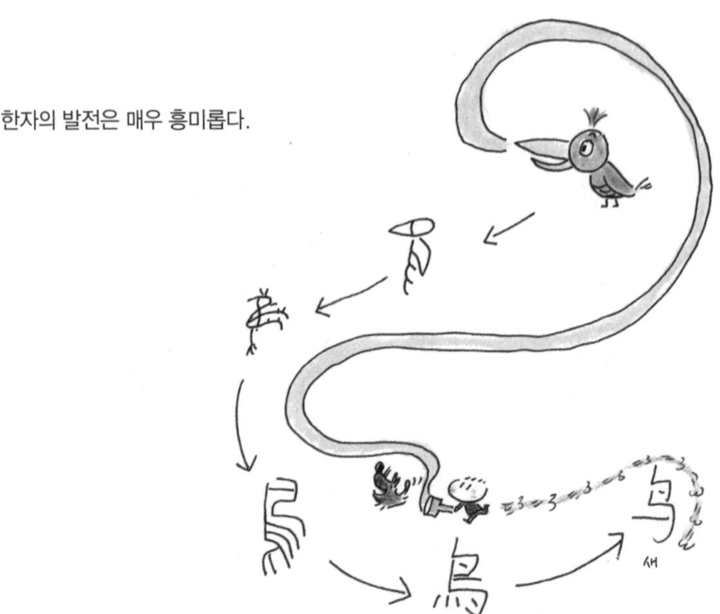

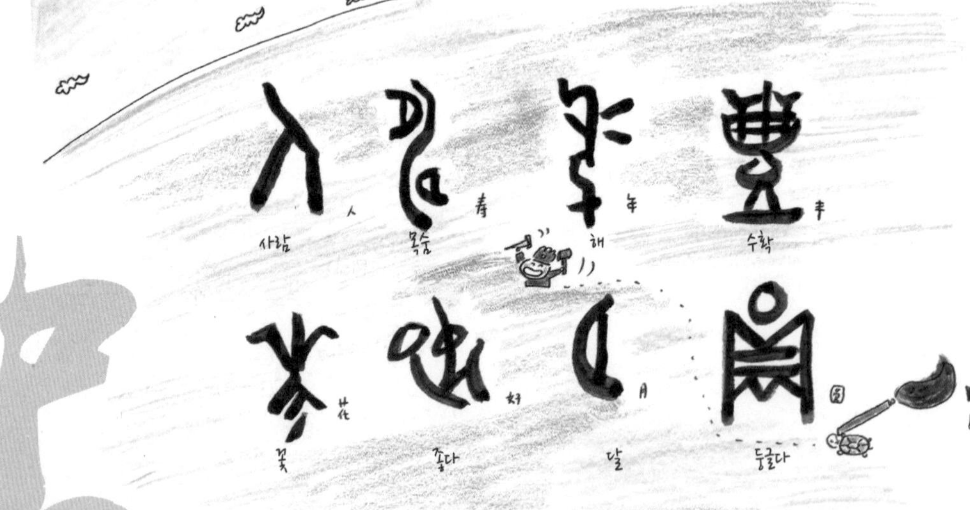

화려한 청동

중국의 청동은 약 4,000년 전부터 만들어지기 시작하여 하(夏), 상(商), 주(周)나라를 거쳐 춘추 시대까지 계속되었다. 현재 발굴되는 다수의 청동 유물들은 정치적·종교적·문화적 의미를 함축하고 있으며, 놀랄만한 예술적 가치를 갖고 있다.

사모무정(司母戊鼎)은 왕실의 제사에 사용하던 기물로, 상나라(기원전 16세기~11세기)의 가장 뛰어난 청동 주조물로 평가된다. 사모무정은 높이 133cm, 무게 875kg, 길이 110cm, 너비 78cm로, 직사각형의 몸체에는 두 개의 귀와 네 개의 다리가 있으며, 아름다운 무늬로 장식된 무거운 정(鼎)은 지금까지 발굴된 세계에서 가장 큰 청동 주조물이다.

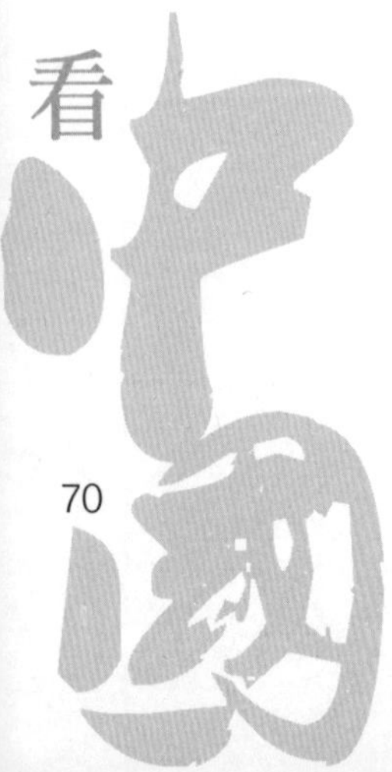

쓰촨성 광한(廣漢)에 있는 싼싱두이(三星堆) 마을 근처에서 상나라 때 촉(蜀)의 고대 왕조 터가 발굴되었는데, 163.5cm 높이의 청동상이 희생 제물들의 구덩이에서 출토되었다. 대에 서 있는 기품 있는 모습은 마치 고대 촉나라 왕을 묘사하는 듯하며, 그 밖에도 제사 목적으로 사용되었던 큰 청동 마스크는 종교적인 미묘한 힘을 갖고 있다.

"날아가는 제비를 밟고 하늘을 나는 말(马踏飞燕)"상은 1969년에 간쑤(甘肃)성 우웨이(武威)에 있는 한나라 때 무덤에서 발견되었다. 이 청동 조각상은 길이 45cm, 높이 34.5cm로, 말이 머리를 약간 왼쪽으로 돌리고 꼬리를 치켜들고 두 앞발과 뒷발이 공중을 날고 있으며, 나머지 뒷발 하나가 나는 제비를 밟고 있는 모양이다. 한 다리만을 축으로 중심을 잡고 있는 데도 안정적인 균형미가 뛰어난 조각품으로 중국인들은 "세계의 걸작"이라 추켜세운다. 생동감 넘치는 말의 자태나 깜짝 놀라 말을 치켜 올려보는 제비의 익살스런 모습이 아름답다.

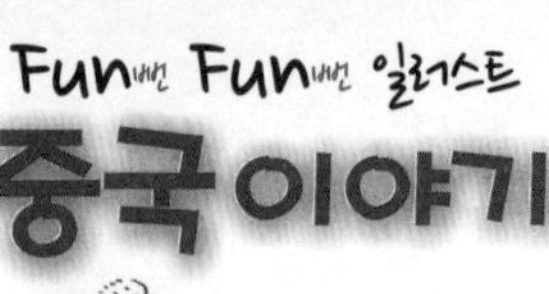

미소 짓는 부처

불교가 중국에 전래된 것은 1세기 무렵으로 중국 문화에 엄청난 영향을 끼쳤으며, 많은 불교 예술 작품을 남겼다. 현재 남아 있는 큰 조각상은 대부분 불상들로 다퉁(大同)의 윈강석굴(雲岡石窟), 뤄양(洛陽)의 룽먼석굴(龍門石窟), 둔황(敦煌)의 모가오굴(莫高窟), 러산(樂山)의 대불(大佛), 충칭(重慶)의 다쭈석각(大足石刻) 등이 있다. 중국에서 훌륭한 조각상을 갖고 있는 4대 석굴은 모가오, 윈강, 룽먼, 마이지산(麥積山) 석굴이다.

천 여 개에 달하는 부처가 있는 굴이 있어 천불동(千佛洞)이라 불리는 모가오굴은 간쑤성 둔황시의 동남쪽 25km에 위치해 있으며, 밍샤산(鳴沙山) 동쪽 벼랑에 남북으로 1,600m에 걸쳐 조성되어 있다. 불교 예술이 가장 잘 보존된 최대 보고인 거대한 모가오굴이 만들어지기 시작한 것은 366년부터로, 여러 세대의 노력을 거쳐 독특한 건축물과 조각, 벽화가 만들어졌다.

모가오굴 벽화에서는 하늘을 날며 춤추고 있는 아름다운 모습의 압사라스(apsaras)를 자주 볼 수 있으며, 둔황시의 상징 조각물 또한 한 발을 들어 올리고 비파의 음통을 목에 대고 공중으로 치켜 올린 채 연주하는 아름다운 압사라스 상이다. 우아한 선과 전개되는 자태는 형언할 수 없는 자유로운 세계를 나타낸다.

마이지산 석굴은 384년에 만들기 시작했다. 마이지산은 우아한 점토 조각들로 유명하며, 각기 다른 시기에 만들어진 마이지산 석굴의 특징적인 조각들은 가장 큰 조각상은 16m이고, 가장 작은 것은 겨우 10cm이다.

마이지산 석굴의 조각들은 엄청나게 오랜 시간에 걸쳐 조성되었는데, 가장 오래된 것을 제외하고는 대부분의 불상이 온화하고 상냥한 얼굴로 모든 살아 있는 것들을 내려다보고 있으며, 하늘에 있는 신이라기보다는 보통 사람들과 더 닮았다.

룽먼석굴은 허난(河南)성 뤄양 남쪽 강기슭에 위치해 있다. 이허(伊河)를 사이에 두고 마주보고 있는 룽먼산(龍門山)과 샹산(香山)의 절벽에 약 1.5km에 걸쳐 있는 11만개 이상의 조각에는 북위(北魏) 후기부터 당나라(493년~907년)까지의 불교 조각 예술이 묘사되어 있다.

펑셴쓰(奉先寺)는 룽먼석굴에서 가장 큰 석굴로, 사원의 중간에는 노사나대불(盧舍那大佛, 일명 비로차나불)이 있다. 이 거대한 불상은 높이가 17.14m로, 수려한 외모를 갖고 있으며, 약간 머리를 숙이고, 인자한 웃음을 띠고 있는 부처는 고요한 표정을 짓고 있다.

다쭈석각은 충칭시에서 남서쪽으로 168km 떨어진 다쭈현에 위치하고 있다. 이곳의 조각들은 9세기부터 13세기 무렵까지 조각되어, 중국 후기 석굴의 절정을 나타낸다.

"석가열반"상은 잠자는 부처로도 불리며, 다쭈석각에서 가장 크고 유명한 석각 중의 하나이다. 높이 5m에, 전체 길이가 31m에 이른다. 부처는 오른쪽으로 누워 발은 남쪽으로 향하고 있으며, 평온한 표정은 부처가 마치 잠자고 있는 것 같다.

동양의 의상

중국 전통 옷은 네 가지 특징을 갖고 있다. 첫째, 상의에 앞 단추. 대부분의 여자 옷에는 대각선으로 오른쪽이나 왼쪽에 단추가 있어서 우아한 매력을 보여준다. 둘째, 곧은(만다린) 칼라. 똑바로 세운 칼라가 중앙 앞쪽으로 열려 있다. 셋째, 래글런 슬리브. 목둘레에서 겨드랑이 쪽으로 이음선이 있는 소매. 넷째, 나비 버튼. 매듭과 버튼 고리로 구성되었다. 그리고 일반적으로 중국 전통 옷을 만드는 데 브로케이드 새틴(brocade satin)을 사용했다.

2001년에 개최된 아시아 태평양 경제협력체(APEC) 회의에 참석한 각국 지도자들은 중국 전통 의상을 입어서 세계의 이목을 끌었다.

현대 치파오(旗袍, 또는 장삼)는 1920년대에 시작하여 1930년대 상하이에서 유행했다. 치파오는 칼라의 사이즈, 소매의 길이와 트임을 포함해서 시대에 따라 스타일이 변화했으며, 우아한 여성들의 모습을 잘 드러내고 있다. 1930년대부터 치파오는 사회적 행사와 외교적 활동을 지원하는 중국 여성을 나타내는 대표적인 복장이 되었다.

마음을 표현하는 수묵화

서양 예술에서의 유화처럼, 수묵화는 중국 미술을 대표한다. 수묵화는 독특한 형식의 그림으로, 가벼운 선지(宣紙)나 비단 위에 붓으로 먹이나 안료를 사용하여 그리며, 색깔을 강조하지 않고, 보통 흰 종이나 비단 위에 "흑과 백의 세계"로 나타내며, 풍부한 함축성을 갖고 있다.

중국의 수묵화는 서양의 유화와는 매우 다르다.

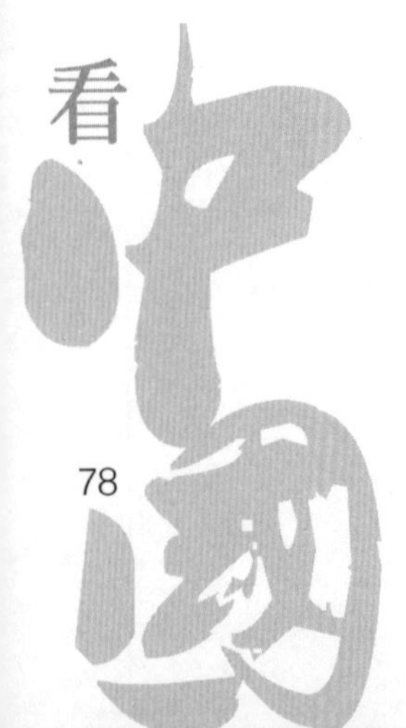

중국인은 가장 평범한 붓과 먹, 종이, 벼루를 사용하여 아름다운 "수묵-흑백"의 예술 세계를 창조한다.

초기 중국의 그림에서는 색을 많이 사용했지만,
당나라의 유명한 시인 왕유(王維) 때부터
수묵화가 우위를 차지하게 되며, 대가들이 많이
나타난 10세기부터 14세기까지 수묵화의 기법이
가장 빠르게 성장했다.

수묵화는 보통 외형적인 닮음을 뛰어넘고, 원근법 원리를
지키지 않아서, 서양화와는 확연한 차이를 보인다. 중국
수묵화는 영혼을 예술적 개념으로 간주하고 있다.

고대 중국의 화가들은 매화와 난, 국화, 대나무 그리기를 좋아했으며, 그것을 고결하고 순결한 인품의 상징처럼 생각했다. 청나라 중기의 화가 정판교(鄭板橋)는 대나무를 잘 그렸고, 그의 걸작인 묵죽도(墨竹圖)는 화가의 자부심과 초탈한 내면세계를 잘 드러내었다.

그 밖에 그림의 낙관(落款)과 시(詩)는 일반적으로 수묵화의 일부로 볼 수 있다. 수묵화는 그림과 시, 서예, 도장이 하나로 어우러진 예술 분야이다.

고금(古琴)과 곤곡(昆曲)

현을 뜯어서 연주하는 악기인 고금은 중국의 악기 중에서 가장 역사가 오래되었으며, 2003년에는 고금(古琴) 음악을 중국이 보유한 세계 무형 문화유산으로 지정받았다. 곤곡은 단순하지만 심오한 것에서부터 힘이 넘치고 간단한 것까지 예술적인 창조성을 표현할 수 있고, 2001년에 유네스코 지정 세계 무형 문화유산에 등재되었다.

학자들은 고금을 특히 좋아하여 항상 곁에 두었으며, 고금을 연주하는 것은 그 사람의 인격을 수양하는 것과 매우 깊은 관계가 있으며, 사람의 감정을 맑게 하고 마음을 정화하는 중요한 수단으로 생각했다.

장쑤성 쿤산(昆山)에서 시작된 곤곡은, 곡조가 부드럽고 절묘하며 감성적이고, 아름다워 사람들로부터 "수마강(水磨腔, 맷돌 음악)"이라고도 불렸으며, 공연에는 피리 • 소(簫) • 생황(笙簧) • 비파(琵琶) 등의 악기가 반주에 사용된다.

명나라 말기의 유명한 시인이자 극작가인 탕현조(湯顯祖, 1550년~1616년)의 작품인 목단정(牡丹亭)은 고전 곤곡 오페라로, 난안 태수의 딸 두여랑(杜麗娘)과 광둥의 서생 유몽매(柳夢梅) 사이의 사랑 이야기다. 정제되고 미묘한 가사의 목단정은 당과 송나라의 시와 원나라의 곡(曲)만큼 아름다운 무대를 만들었다.

곤곡은 경극(京劇)과 다른 지방극에까지 널리 영향을 끼쳤기 때문에 "희곡의 아버지" 또는 "희곡의 사부"라고 불리기도 한다.

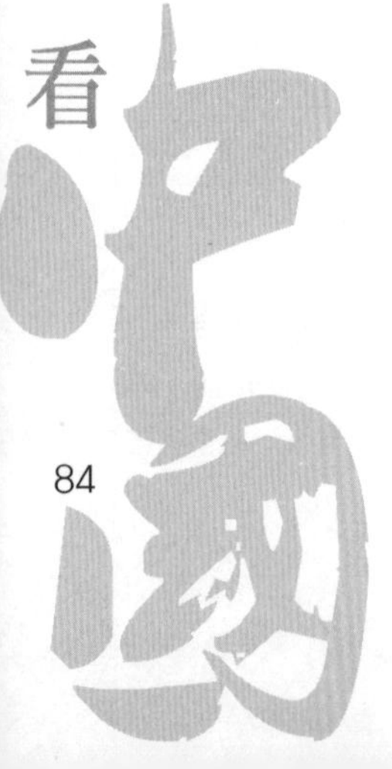

화려한 경극(京劇)

중국의 국가 오페라인 경극은 창(唱, 노래), 념(念, 대사), 작(做, 동작과 기법), 타(打, 무술)의 조화된 결합으로, 중국에서 가장 인기 있고 영향력 있는 오페라 스타일이다. 경극(Peking Opera)이라는 이름은 그것이 원래 베이징(北京, Peking)에서 기원되었기 때문이다.(지금은 베이징Beijing이라고 부름)

경극의 공연은 매우 리얼한 것이 특징으로, 예를 들면 연기자가 말을 타고 있는 것처럼 도는 동안 말채찍을 들고 휘두른다. 이것은 실제 연기자들이 자연 그대로 연기하도록 하여 관객이 매료되도록 하는 것이다.

"창극(唱劇)"은 바로 극이 노래로 나온다는 것을 가리킨다.

唱

"唱戏"就是指戏是唱出来的

"주(做)"는 무도성(舞蹈性)이 매우 강한 연기 동작, 몸동작, 자세와 얼굴 표정.

做

"做"指的是舞蹈性很强的表演动作 身段、姿势及面部表情。

念

京剧中的"念"是指带有音乐性的说话，也叫"道白"。具有节奏感和韵律感，美妙悦耳。

경극 중의 "념(念)"은 음악성을 가진 설화를 가리키며, 또한 "도백(道白)"이라고도 부르며 리듬과 운율을 갖추고 있으며, 미묘하고 즐겁다.

打

"打"是舞蹈性很强的表演形式。一类是徒手格斗，一类是使用兵器格斗。

"타(打)"는 무도성이 매우 강한 연기 형식. 하나는 맨손 격투이고, 다른 하나는 병기를 사용한 격투이다.

好戏开场!

……

극이 시작하네!

경극에서 배역은 주로 생(生, 남자 역), 단(旦, 여자 역), 정(淨, 성격이 강렬한 거친 남자 역), 축(丑, 어릿광대 역) 네 가지로 나누어진다. 여자역만 하는 남자 주역 배우로 메이란팡(梅蘭芳)과 청옌추(程硯秋), 상샤오윈(尚小雲), 쉰후이성(荀慧生)이 4대 명단(四大名旦)으로 손꼽히며, 그 중 메이란팡이 가장 대표적인 경극 연기자이다.

경극 무대에서는 멋진 복장 이외에도, 화려한 얼굴 화장이 인상적이다. 화장한 얼굴은 경극의 독특한 특징으로, 보통 정과 축의 역할을 맡은 사람들은 붉은색과 노란색, 검은색을 가장 많이 사용한다.

홍검(紅臉)
정의를 상징하며, 관우(關羽)처럼 혈기왕성한 인물

红脸
代表正义
有血性的人物
如关羽.

백검(白臉)
간사함을 상징하며, 조조(曹操)처럼 교활하고 간계가 많은 인물

白脸
代表奸诈、狡猾
诡计多端的人物. 如曹操

蓝
脸
粗

흑검(黑臉)
공정하고 강직함을 상징하며, 포공(包公)처럼 솔직하고 충성스러운 인물

金、银脸
多用于表示
妖神鬼怪
的角色. 如孙悟空

금은검(金銀臉)
손오공처럼 귀신이나 요괴의 역할을 나타내는 데 많이 사용된다.

黑脸
表示公正
刚直、坦率和
忠诚的人物. 如包公.

碎脸
与整脸相反.
这种脸形色彩
跳跃. 给人以非常
狰狞怪异之感

쇄검(碎臉) 전체 얼굴과
도약적인 얼굴형과 색채는 사
맹렬하고 괴이한 느낌을 준다.

在人生的舞台上
我将扮演什么样的
角色. 有着怎样
一张"脸谱"......

인생의 무대에서 나는 어떤 역할을 연기하는가?
또 어떤 마스크를 쓰고 있는가?

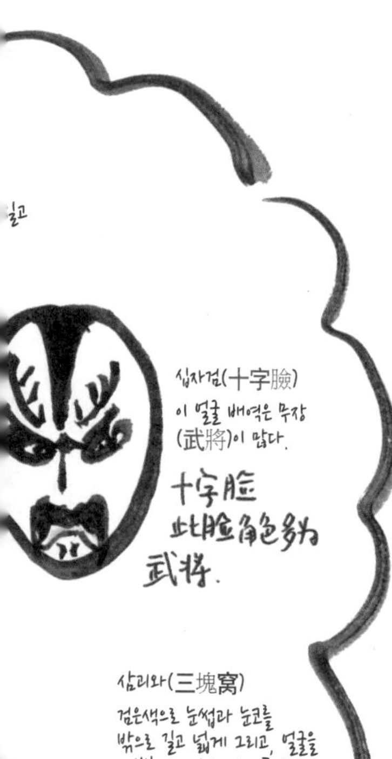

경극에서 얼굴 화장은 등장인물을 묘사하는 데 중요하다. 예를 들면 붉은색 얼굴은 충성과 용맹을 나타내고, 또한 검은색은 거칠고 대담함, 흰색은 교활함을 의미한다. 코 주변에 분을 칠한 얼굴은 중요하지 않은 사람을 의미하며, 균형이 잡히지 않은 선들은 기만적인 사람을 상징한다.

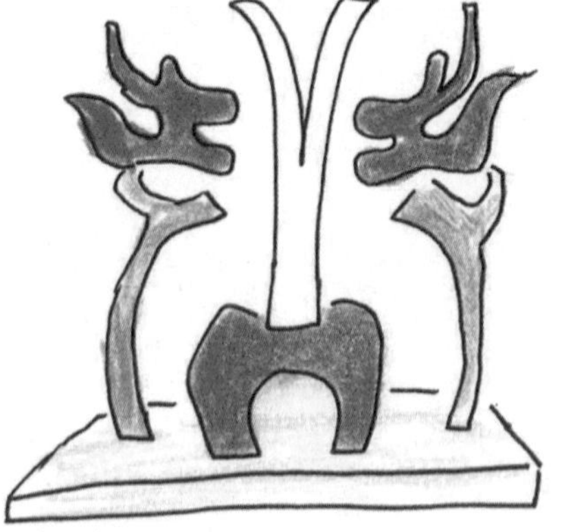

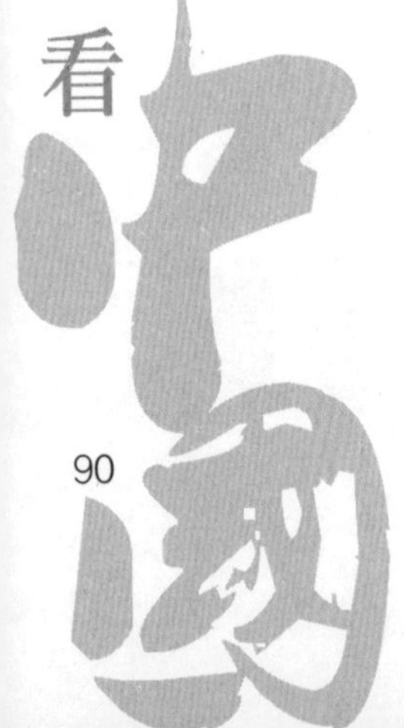

창안가에 위치한 창안대극원(長安大劇院)은 70년의 역사를 자랑하며, 극장 앞 광장에는 경극 분장을 한 조각상이 유명하다.

시(詩)의 왕국

당나라(618년~907년)는 보통 시의 황금 시기로 평가되며, 힘과 번영의 시기였다. 당나라 때에는 개방되고 관대한 문화로 시가 더욱 활기를 띠며 발전했고, 이 시기에 낭만파의 위대한 시인 이백(李白)과 현실주의를 강조하는 두보(杜甫)가 나타났다.

두보는 전쟁과 반란의 불안한 시대를 살았기 때문에, 그의 시에는 특별히 사람들의 고통을 염려하는 것들이 보이며, 절망적인 분위기에서 그의 시는 보통 사람들의 삶에 초점을 맞추었다.

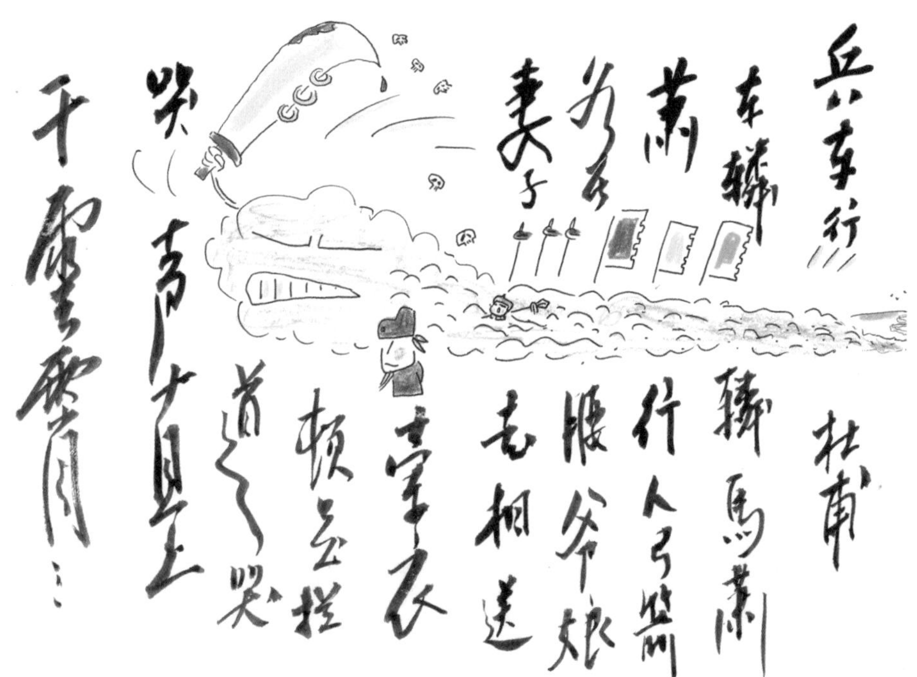

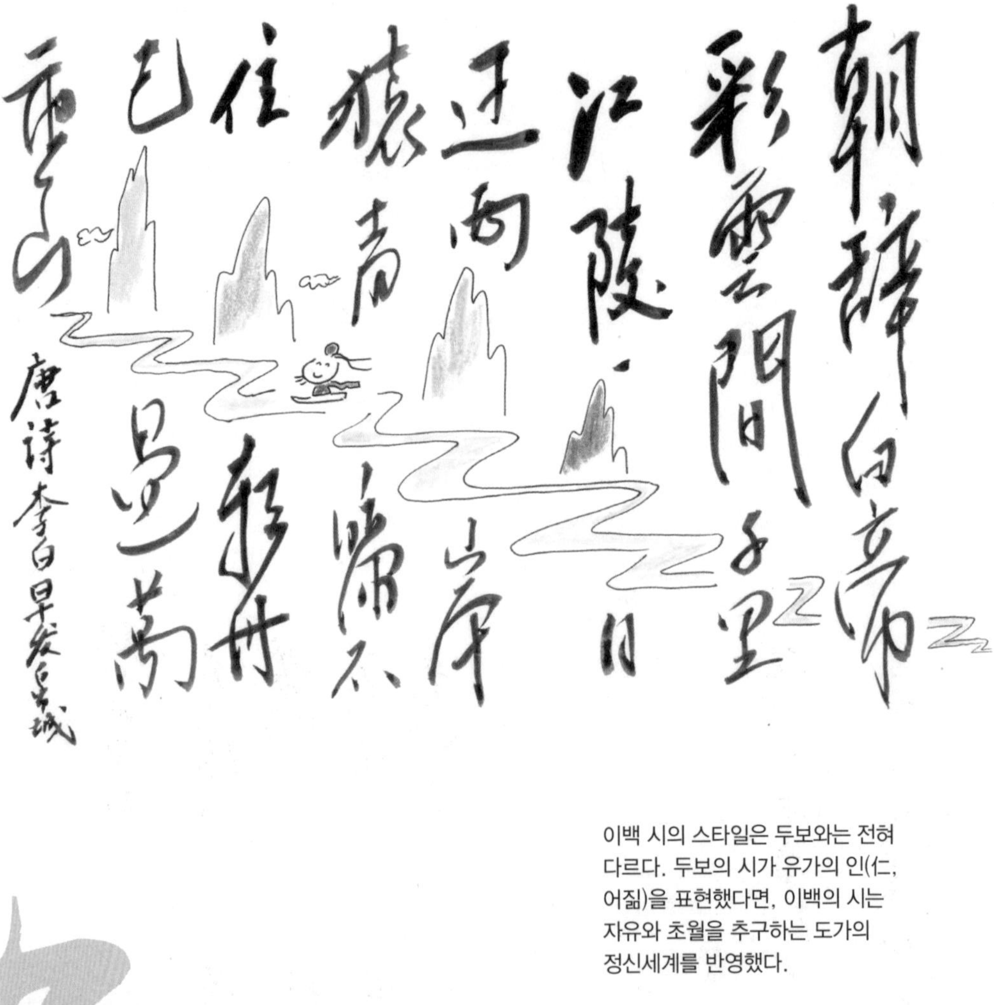

朝辭白帝彩雲間
千里江陵一日還
兩岸猿聲啼不住
輕舟已過萬重山

唐詩 李白 早發白帝城

이백 시의 스타일은 두보와는 전혀 다르다. 두보의 시가 유가의 인(仁, 어짊)을 표현했다면, 이백의 시는 자유와 초월을 추구하는 도가의 정신세계를 반영했다.

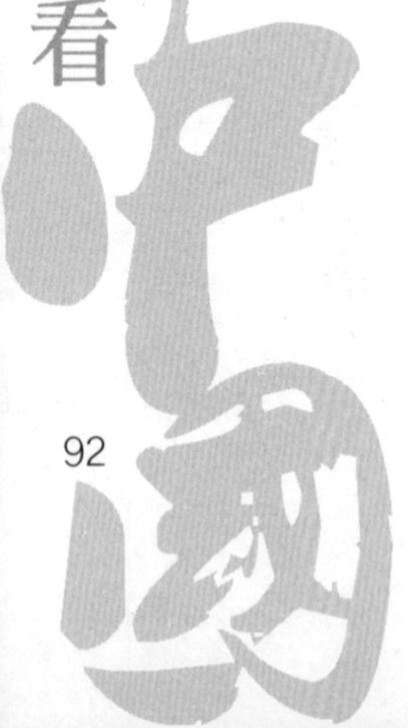

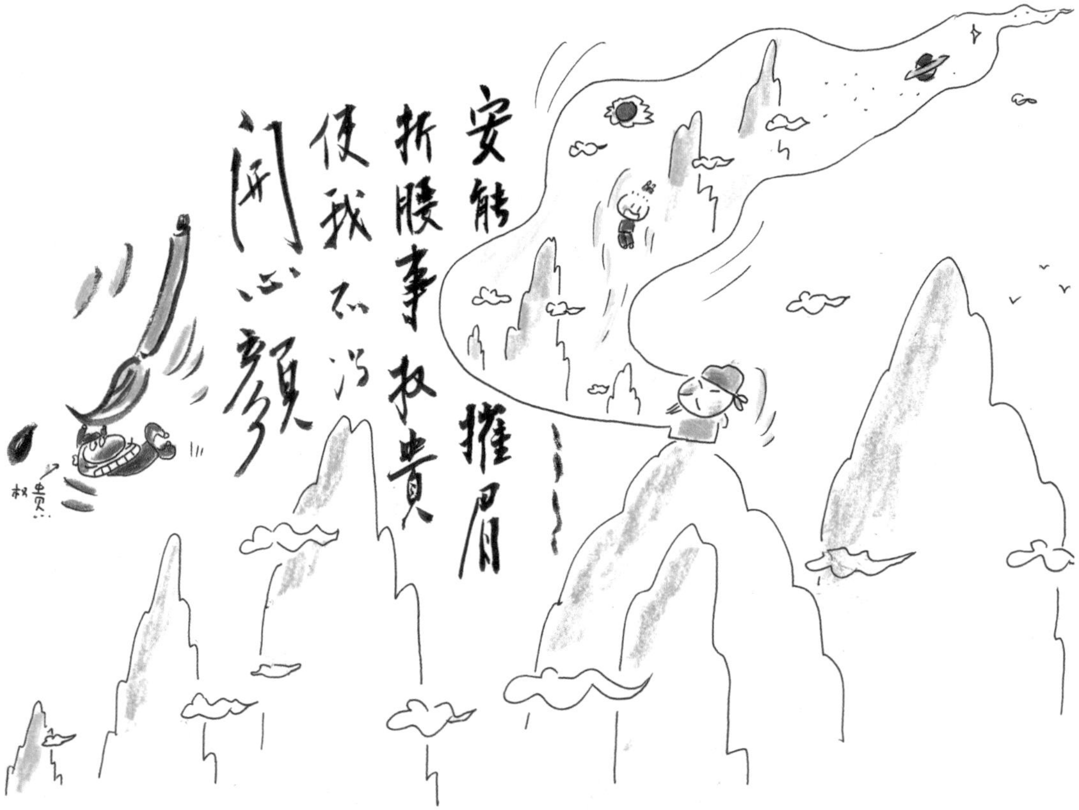

安能摧眉
折腰事权貴
使我不得
開心顔

权贵

사(詞)는 송나라(960년~1279년) 때 가장 유행했고, 악곡(樂曲)의 가사로 불리던 것이었으므로 "곡자사(曲子詞)"라고 불리었으며, 1~2자에서 9자까지 구법의 장단이 가지런하지 못하기 때문에 "장단구(長短句)"라고도 불렀다. 송나라 때 두드러진 사 작가로는 소식(蘇軾)과 이청조(李淸照)·신기질(辛棄疾) 등이 있다.

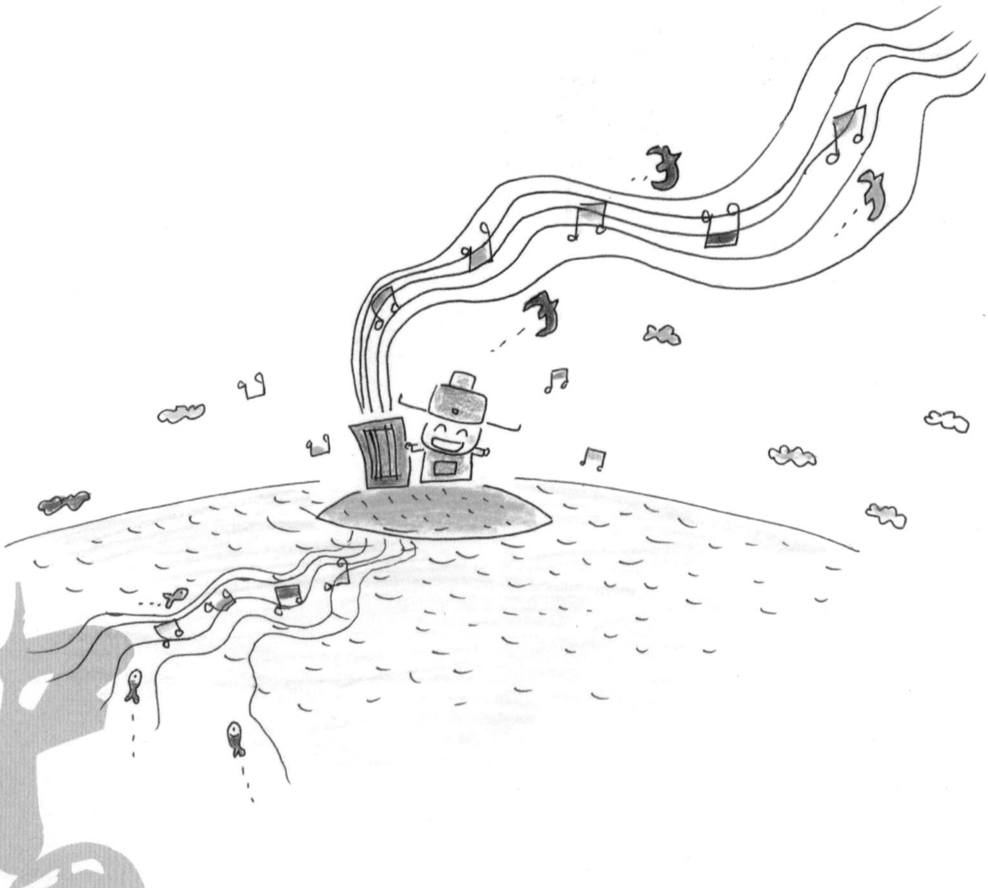

4대 고전 소설

당나라와 송나라 때에는 시와 사가 사랑을 받았지만, 명나라와 청나라 때에는 역사적인 로맨스나 영웅들의 전설, 신과 귀신들의 이야기, 풍습과 사회에 대해 꾸민 이야기를 포함한 고전적인 소설이 출현했다. 이 네 가지 유형의 대표적인 작품으로는 《삼국연의(三國演義)》, 《수호전(水滸傳)》, 《서유기(西遊記)》, 《홍루몽(紅樓夢)》이 있으며, 이들은 보통 중국의 "4대 고전 소설"로 불려진다.

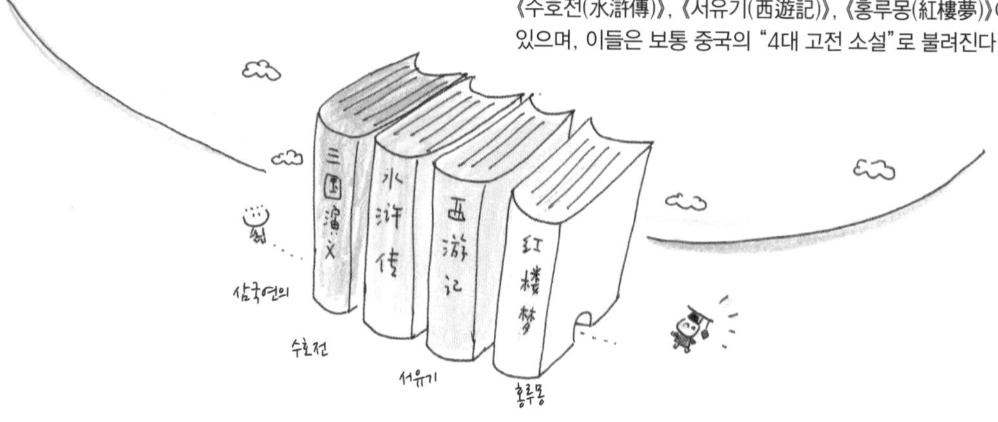

《홍루몽》은 중국 고전 소설 중 최고의 걸작으로, 청나라 때 조설근(曹雪芹, 1724년~1764년)에 의해 씌어졌다. 가보옥과 임대옥, 설보채 사이의 비극적 사랑에 초점을 맞추고 있으며, 그 당시 귀족 가문의 흥망성쇠를 묘사했다. 이 책은 중국 고전 소설의 대표 작품이 되었으며, 뒤에 "홍루몽(홍)학"이라는 학문 분야가 따로 출현하기도 했다.

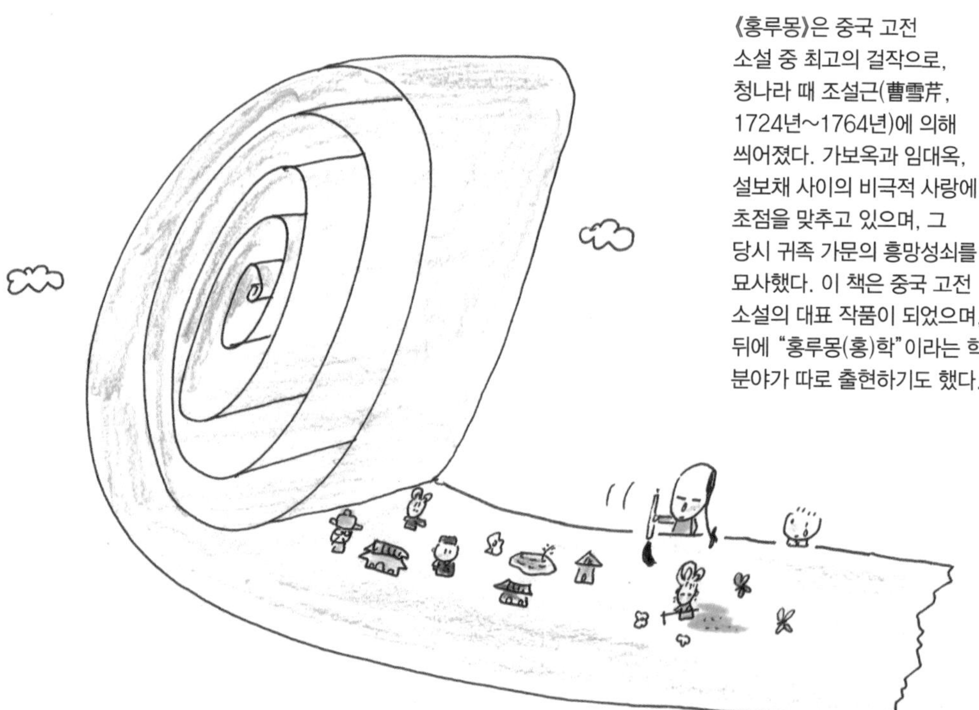

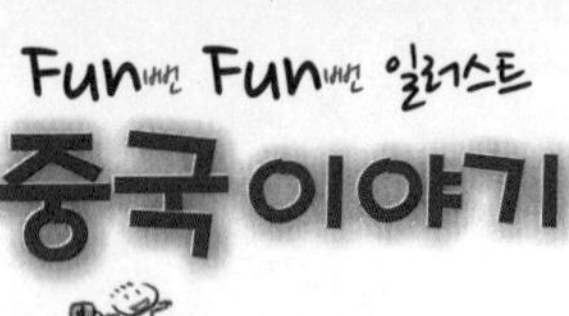

《삼국연의》는 역사 소설의 시작으로, 삼국 시대(220년~280년) 때 정치적 · 군사적 투쟁을 그렸으며, 일부 정복 영웅들을 묘사했다. 이 소설의 작가는 나관중(羅貫中, 1330년~1400년)이다.

《수호전》의 작가는 시내암(施耐庵, 1296년~1370년)으로, 북송 말기(960년~1127년) 송강(宋江)이 주도했던 농민 봉기에 대해 상세히 이야기하고 있다. 그 당시 포악한 군주에 의해 반란자로 몰린 사람들은 양산박(梁山泊)에 모여들었고, 이 소설은 봉건 사회에 대항하는 농민 반란의 시작부터 실패까지의 전 과정을 그렸다.

《서유기》는 명나라 때 오승은(吳承恩, 1501년~1582년)이 쓴 소설로, 대표적인 신과 귀신의 소설 작품이다. 이 책은 당나라 승려가 서역을 여행하면서, 원숭이 나라 왕인 손오공의 호위를 받으며, 기상천외의 요귀들과 갖가지 싸움을 벌이는 "81난(難)"을 겪고, 마침내 목적지에 도착하여 경전을 손에 넣게 된다는 줄거리다. 이 소설은 독자들에게 신과 귀신의 웅장하고 다채로운 세계를 보여주고 있다.

민속 예술

중국은 뛰어난 솜씨로 잘 알려진 공예와 다양한 기술을 자랑하고 있으며, 기술적인 부분에서 중국 민속 예술은 절단, 묶음, 꼬기, 뜨개질, 자수, 조각, 조형, 회화 등이 있고, 그들은 모두 강한 지방색과 다양한 민속 스타일을 갖고 있다.

중국 매듭. 가장 대표적인 중국 매듭은 붉은색과 노란색 실크 실로 엮어서 만들며, 우아한 곡선과 품위 있는 매력이 있고, 사람들의 소망과 번영하는 삶을 위해 상서롭거나 행운을 나타내는 장신구가 대대로 전해지고 있다.

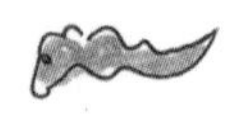

지엔즈(剪紙, 중국 전통 종이 공예). 이 고대 기술은 일상생활과 육체 노동의 영감에서 비롯되었으며, 가위로 종이를 잘라 다양한 무늬를 만든다. 꽃과 새, 물고기, 곤충들은 이 예술에서 묘사되는 친숙한 대상들로, 동음이자(同音異字)와 상징은 모두 상서로운 무늬로 사용되는데, 예를 들면 소년이 연 위에 앉아 있는 것(lian, 중국어의 "연속하다"와 발음이 비슷하여, 소년 다음에 다른 아이가 태어나다는 뜻이 있다)과 박쥐(fu, "행운"), 수탉과 염소("吉祥ji xiang"은 동음이자로 "행운"이라는 뜻) 등이다.

녠화(**年畵**, New Year painting). 춘제 때 가정의 평안을 기원하며 실내에 붙이는 그림으로 수천 년의 역사를 갖고 있다. 장인들은 우선 목판 조각 위에 밑그림을 새기고, 그런 다음에 밝고 즐거운 색깔을 바르며, 최종적으로 다양한 색깔의 종이를 목판에 대고 문지르면 그림이 완성된다. 대부분의 디자인은 전설적인 인물인 통통한 어린이로, 사회적 풍습이다.

연(風箏). 연은 2,000여 년 전에 중국인들이 발명했으며, 새나 곤충 또는 기하학적인 모양을 주로 만들었다. 연을 만드는 데 사용한 주요 재료로는 견방사와 종이, 대오리로, 사람들이 처음에 연을 날린 것은 행운을 기원하기 위해서이며, 연이 구름에 도달할 정도로 높이 날면 사람들은 연줄을 끊어버린다. 그러면 연은 구름 속으로 사라지게 되고, 이 때 사람들은 "불행이 갔다"라고 되풀이하여 소리치며 행운을 빌었다.

징타이란(景泰蓝). 징타이란은 베이징의 독특한 전통 수공예품으로 널리 알려져 있다. "징타이란"이라는 이름은 명나라 징타이(景泰) 연간(1450년~1457년)에 만들기 시작하여, 처음에는 푸른색 제품만 있었기 때문에 생긴 것으로, 디자인은 동이나 금으로 아로새겨 선조 세공을 하고, 그런 다음에 에나멜로 가득 채운다. 이 수공품의 생산은 불을 때고, 광택을 내고, 금박을 입히는 과정을 거쳐야 한다.

탕싼차이(唐三彩). 갈색과 백색, 녹색의 두드러진 색을 가진 유약을 칠한 도자기로, 당나라 때 매우 유행했으며, 나중에 삼색 유약 도자기 또는 당삼채(唐三彩)라고 불렸다. 강렬하고 진짜에 가까운 모양과 화려한 색, 일상생활의 묘사로 유명하다.

쑤쓔(蘇綉, 쑤저우 자수). 쑤쓔는 중국 남부 도시인 쑤저우에서 생산되며, 송나라 때부터 쑤저우의 자수 산업이 매우 번창했다. 쑤저우 자수에 산이나 강, 누각, 꽃, 새, 사람의 모습과 같은 다양한 디자인을 재현할 수 있으며, 또한 대조와 입체 효과에서 서양화의 장점을 받아들여 상당한 예술적 매력을 갖고 있다.

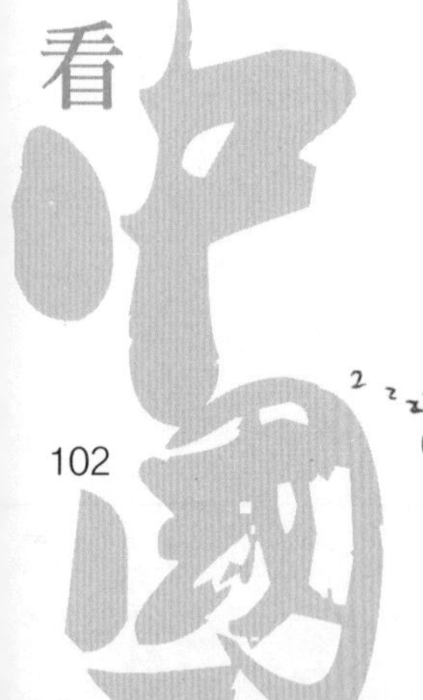

피잉시(皮影劇, 그림자 인형극)는 불투명체를 사용하여 음악에 따라 노래하면서 이야기하는 형태로, 출연자는 흰색 스크린 뒤에 위치하고 불빛으로 가죽이나 종이로 관절로 이어 만든 인형을 비추어 움직이는 이미지의 착각을 만들어낸다.

그림자 꼭두각시 등장인물의 몸에 머리를 붙이며, 이 인물들은 남자, 여자, 광대 또는 다른 배역이 된다.

피잉시는 2000년 이상 중국 민간 문화로 인기를 얻었으며 오페라, 음악, 문학, 조각, 회화의 전통적 요소를 함께 포함하고 있다.

중국식 카니발인 먀오후이(廟會)에서는 용춤이나 사자춤, 죽마 타기 등 각종 전통 공연들로 관중들을 매료시킨다.

맛있는 음식들

중국 사람들은 음식을 먹을 때 주로 가느다란 나무 막대기로 만든 젓가락을 사용한다. 중국은 땅이 넓어서 지역마다 음식 맛이 다르면서도 대단히 훌륭하고 다양한 맛을 갖고 있는데, 예를 들면 화이양(淮揚) 요리는 담백하면서 눈을 즐겁게 하는 반면에, 쓰촨 요리는 식욕을 돋우는 매콤하고 맛이 강하다.

때때로 요리하는 과정이 곡예의 공연과 닮아서, 요리사가 산시(山西) 다오샤오멘(刀削麵)을 만드는 데에는 특별한 기술을 갖고 있다. 요리사가 큰 냄비에 1m 정도 떨어져 서서, 냄비의 물이 끓으면 반죽 덩어리를 그의 왼팔에 두고서, 오른쪽 팔에 든 얇고 날카로운 칼로 반죽 덩어리를 끓는 냄비에 조금씩 깎아, 면을 물속에 넣어 끓인다. 손님들은 종종 곡예와 같은 요리법에 너무 깊은 인상을 받아서 면의 맛을 잊어버리기도 한다.

중국인들은 음식에 대해 매우 까다로우며, 색깔과 향, 맛 세 가지의 필수적인 요소로 중국 음식을 평가한다. 취안줘더(全聚德)는 가장 유명한 베이징 오리구이 전문점으로, 과목(果木)의 땔감을 사용하는 열린 가마에 오리를 굽는데, 포동포동한 오리에 조미료를 바르고 구우면 색깔이 윤기 나는 자줏빛으로 변하면서 속의 고기는 연하면서 느끼하지 않고 껍질은 바삭바삭하게 구워진다. 중국인들은 주로 밀가루로 만든 얇은 피에 봄 양파, 달콤한 소스를 오리고기와 함께 싸서 먹으며, 이렇게 먹으면 그 맛이 더욱 풍성해진다.

중국 음식의 진정한 매력은 적절한 양념이 들어 있는 맛에 있는데, 음식의 원래 맛과 요리 뒤의 맛, 거기에 다른 재료들의 맛이 더해져 모두 하나가 된다. 이러한 미의 추구는 우리가 상상하는 것 이상의 훌륭한 맛을 느끼게 해준다.

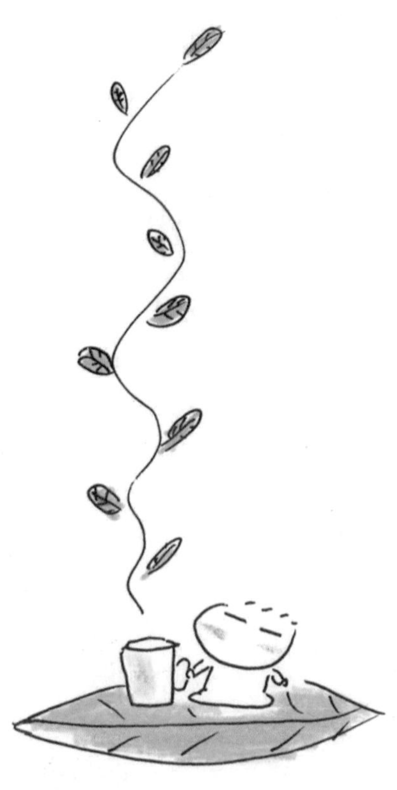

차 문화

차는 상록수인 다년생 차나무의 새싹을 따서 가공한 것이다. 중국은 차의 원산지로, 처음 차를 생산하여 마신 나라이다.

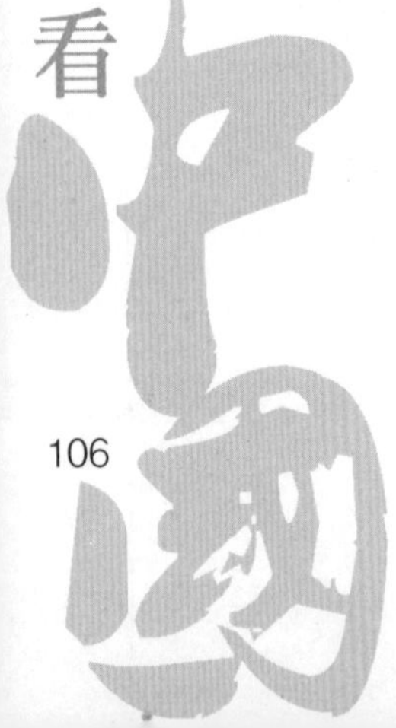

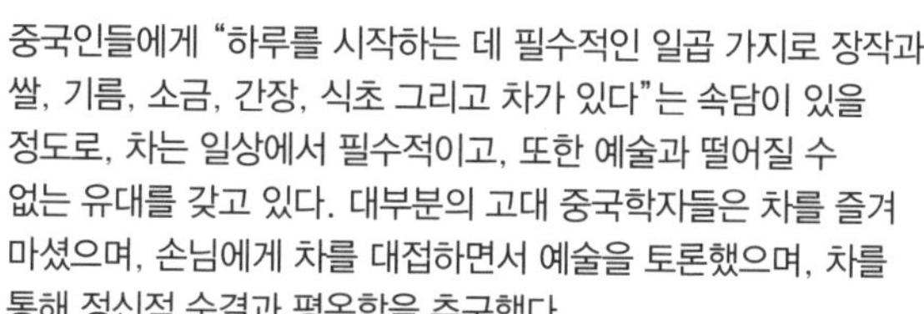

중국인들에게 "하루를 시작하는 데 필수적인 일곱 가지로 장작과 쌀, 기름, 소금, 간장, 식초 그리고 차가 있다"는 속담이 있을 정도로, 차는 일상에서 필수적이고, 또한 예술과 떨어질 수 없는 유대를 갖고 있다. 대부분의 고대 중국학자들은 차를 즐겨 마셨으며, 손님에게 차를 대접하면서 예술을 토론했으며, 차를 통해 정신적 순결과 평온함을 추구했다.

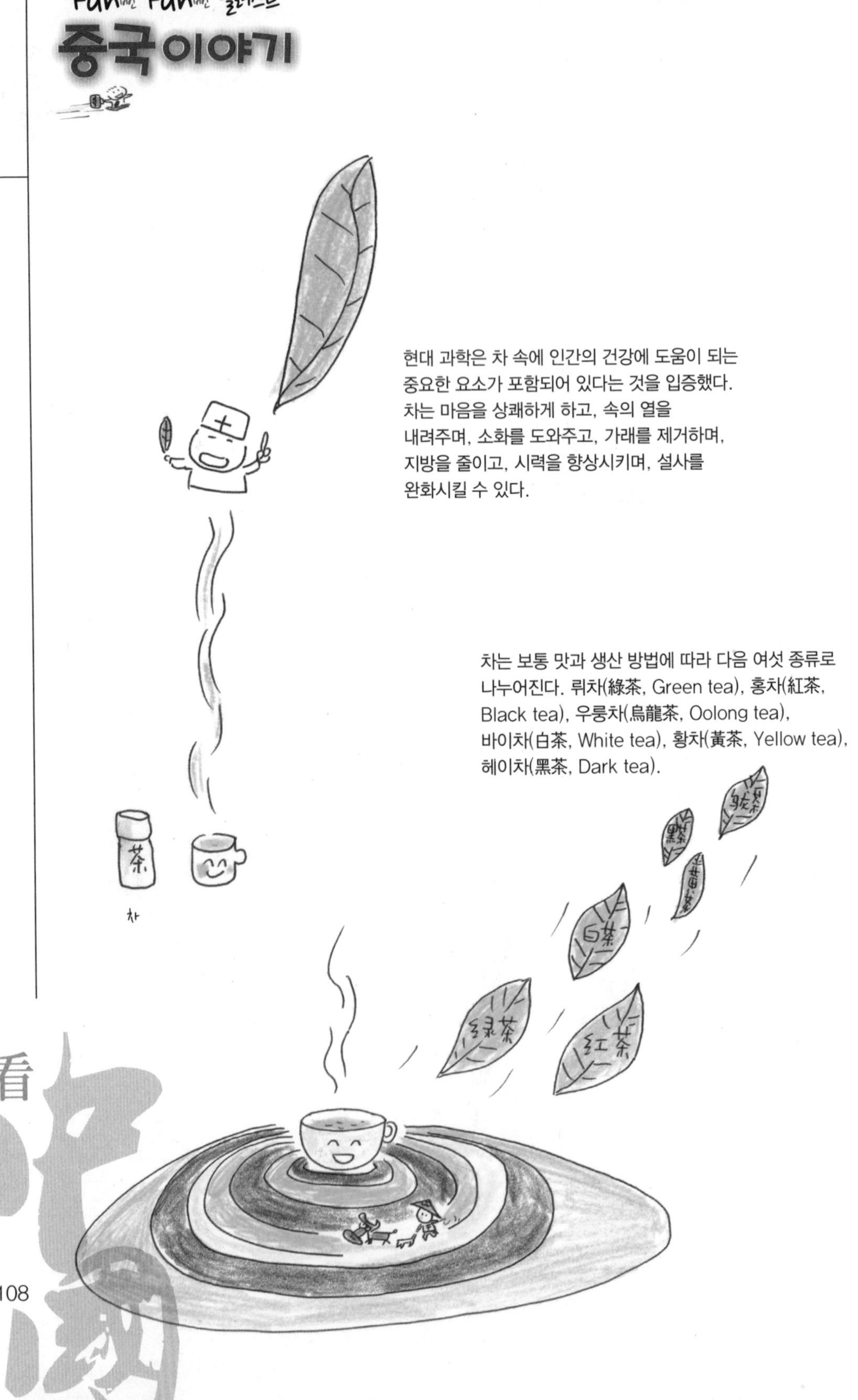

현대 과학은 차 속에 인간의 건강에 도움이 되는 중요한 요소가 포함되어 있다는 것을 입증했다. 차는 마음을 상쾌하게 하고, 속의 열을 내려주며, 소화를 도와주고, 가래를 제거하며, 지방을 줄이고, 시력을 향상시키며, 설사를 완화시킬 수 있다.

차는 보통 맛과 생산 방법에 따라 다음 여섯 종류로 나누어진다. 뤼차(綠茶, Green tea), 홍차(紅茶, Black tea), 우룽차(烏龍茶, Oolong tea), 바이차(白茶, White tea), 황차(黃茶, Yellow tea), 헤이차(黑茶, Dark tea).

룽징(龍井, dragon well)은 중국에서 가장 많이 알려진 차 중의 하나로, 저장성 항저우 시후(西湖) 지역에서 생산된다. 룽징의 잎은 가늘고 긴 모양이며, 연하고 크기가 비슷하고, 하나의 싹에 하나 또는 두 개의 줄기 없는 잎이 있다. 비치 같은 녹색, 부드러운 맛, 향이 그윽하다.

비루춘(碧螺春)은 장쑤성 타이후(太湖)의 둥팅산(洞庭山)에서 생산되며, 또 하나의 대표적인 녹차이다. 비루춘은 이른 채집과 정제 과정으로 유명하며, 잎 모양이 가늘고 말려 있어, 마치 둥글게 말린 소라와 비슷하고, 부드럽고 크기가 일정하다. 밝은 녹색 잎은 솜털로 덮여 있으며, 창밍제 전후 이른 봄에 따기 때문에 이 차의 이름을 비(녹색)-루(소라)-춘(봄)이라고 한다.

최고의 차 도자기는 장쑤성 이싱(宜興)에서 생산된 자사(紫砂) 찻주전자이다. 자사 찻주전자를 만드는 데 사용하는 점토는 철이 풍부하며, 다른 물질을 첨가하지 않고서도 도자기를 만들 수 있는 매우 적절한 광물 혼합체이다. 자사 찻주전자는 차의 색깔과 향기, 맛을 오랫동안 유지할 수 있는 매우 훌륭한 삼투성을 갖고 있으며, 또한 끓는 물 다음에 금방 차가운 물을 넣어도 깨지거나 금이 가지 않는다.

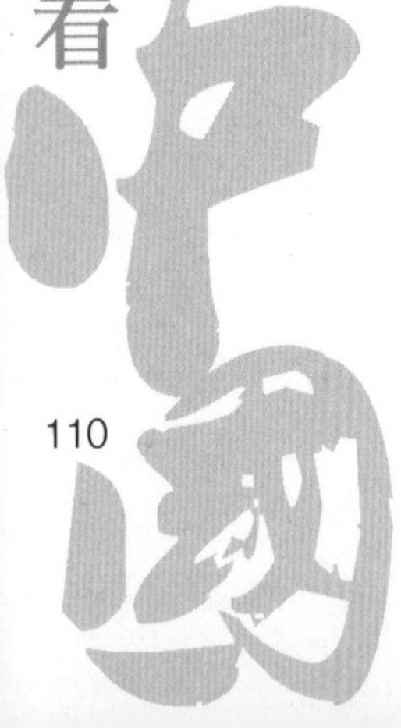

음주 문화

음주 문화는 중국에서 매우 보편적인 문화 중의 하나로, 사람들은 그것을 즐길 뿐만 아니라 때때로 문화적 상징으로서, 예의범절뿐만 아니라 분위기와 정신 상태의 척도가 되기도 한다. 술과 시는 없어서는 안 되는 것이며, 음주 정신은 또한 삶의 자세와 취향을 담고 있다.

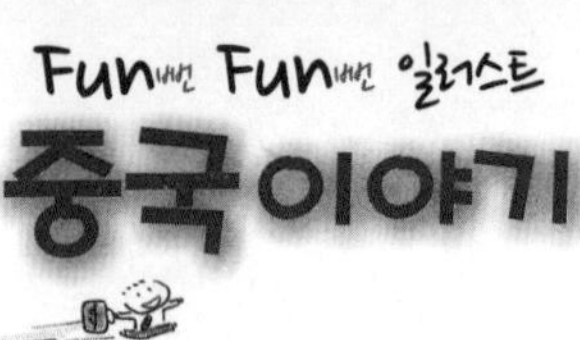

달콤하고 향기로운 맛을 좋아하는 중국인들에게 바이주(白酒)는 가장 인기 있는 술이며, 마오타이(茅台)와 우량이예(五粮液) 등은 가장 대표적인 브랜드이다.

전통 축제

중국의 주요 전통 축제로는 춘제(春節)와 위안샤오제(元宵節), 칭밍제(淸明節), 돤우제(端午節), 중추제(中秋節) 등이 있으며, 각 소수 민족들에게도 후이족의 라마단과 위구르의 쿠르반, 다이족의 물 뿌리는 축제, 멍구족의 나담 축제, 티베트족의 새해와 온코르(Onkor) 축제 등과 같은 자신들만의 전통적인 축제가 있다.

춘제(春節). 옛날에 태음력을 사용했을 때 춘제는 음력 1월 1일로, 새로운 해의 시작을 나타냈다. 그레고리오력 이후에 춘제는 보통 1월 마지막 10일부터 2월 중순 사이가 되었다. 춘제 전날 밤은 가족들이 재회하는 중요한 시간으로, 많은 사람들이 "묵은해를 끝까지 지켜보기" 위해 밤을 새었다. 춘제 기간에 다양한 전통 활동을 즐겼는데, 특히 사자춤과 용등무(龍燈舞), "차이가오차오(踩高蹺, 죽마 놀이의 일종으로, 두 다리를 긴 막대기에 묶고 걸어가면서 공연)" 등이 있다.

자오쯔(餃子, 만두)는 춘제 때 묵은해에 작별을 고하고 새해를 예고하기 위해 먹는 음식으로, 중국인들은 만두피 안에 고기와 야채로 만든 소를 넣어 만들었는데, 그 모양이 옛날의 금괴나 은괴와 닮았다. 자오쯔는 끓는 물에 10분 정도 요리하면 바로 먹을 수 있다.

Fun빼빤 Fun빼빤 일러스트

중국이야기

춘제 때 많은 장소에서 먀오후이(廟會)가 열린다. 고대 중국인들은 종종 사원 주위에 모여서 의식적 공연이나 오락, 시장 활동을 했으며, 오늘날 먀오후이는 사람들이 스스로 즐겁게 놀고 춘제 기간 동안 쇼핑을 하는 장소로, 항상 다양한 지역 음식과 전설 속의 민간 인형을 팔면서 떠들썩할 뿐만 아니라, 민속 장인들이 펼치는 각종 신기한 공연을 볼 수 있다.

위안샤오제(元宵節). 위안샤오제는 춘제 이후 첫 번째 보름인 음력 1월 15일로, 전통적으로 사람들은 위안샤오를 먹고, 등을 감상한다. 위안샤오는 찹쌀가루를 반죽하여 여러 가지 과일로 달콤한 소를 안에 넣어 탁구공처럼 만들며, 재회를 상징한다. 등을 감상하는 전통은 1세기에 시작되었으며, 지금도 여전히 중국 전역에 유행한다.

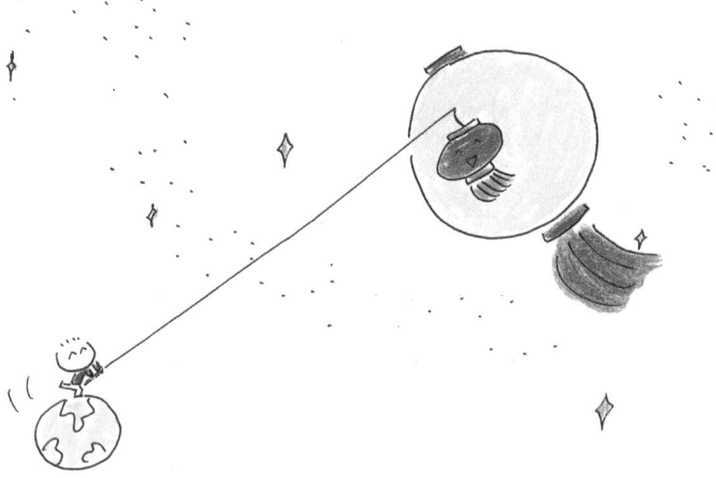

칭밍제(淸明節). 칭밍제는 매년 5월 5일 전후로, 이 날은 전통적으로 조상들에 대해 애도를 표하고, 조상의 산소에 가서 벌초를 하며, 또한 혁명의 순교자들에 대한 존경을 나타내는 날이기도 하다. 칭밍제가 되면 날씨가 따뜻해지기 시작하고, 초목들이 소생하기 시작하여 사람들은 야외로 나들이 나가 연을 날리고 봄의 아름다움을 즐기고자 한다. 이런 까닭으로 사람들이 이 축제를 "춘유제(春游節)"라고도 부른다.

돤우제(端午節). 돤우제는 음력 5월 5일로, 전설에 따르면 전국 시대 때 초나라의 애국 시인 굴원(屈原, 기원전 340년~278년)을 기리기 위한 것이라고 한다.

음력 5월 5일에 굴원이 절망하여 스스로 미뤄강(汨羅江)에 몸을 던진 뒤로 매년 이날 사람들은 배를 타고 강에 나가 대나무 통에 쌀을 넣어 물에 던져 넣었다. 오늘날 굴원을 애도하기 위해 쭝쯔(粽子, 대나무나 갈대 잎 안에 찹쌀을 넣어 각뿔 모양으로 만듦)가 전통 음식으로 남아 있으며, 용선 시합이 거행된다.

중추제(中秋節). 중추제는 음력 8월 15일로, 가을의 중간에 있다고 해서 그 이름이 붙여졌다. 옛날에 사람들은 이날 달의 여신에게 빵 과자나 "웨빙(月餠)"을 제물로 바쳤고, 의식이 끝난 뒤에 가족들은 함께 모여 앉아서 웨빙을 나누어 먹었다고 한다. 웨빙을 만드는 것은 가족들의 재회를 상징하며, 오늘날까지 전해지고 있다.

중국에서는 달에 관한 많은 아름다운 전설이 남아 있다. 그 중 가장 인기 있는 것은 "창어가 달로 날아갔다(嫦娥奔月)"는 전설이다. 고대 중국의 신화와 전설에 따르면, 창어는 "후예(后羿)"의 아내로 그녀가 남편에게서 불사약을 훔쳐 달로 달아났다고 한다. 달이 크고 가득 찰 때, 달 위에 그림자가 마치 큰 나무 아래에 여자가 외롭게 서 있는 것처럼 보인다.

전통 민간 주택

오늘날 중국의 도시에 살고 있는 사람들은 대부분 다층 또는 고층 빌딩에 살고 있지만, 일부는 전통적인 주택에서 거주하고 있다. 중국인들은 다양한 삶의 방식과 각기 다른 장소, 사회적 풍습을 갖고 있어서 주거 형태도 매우 다양하다.

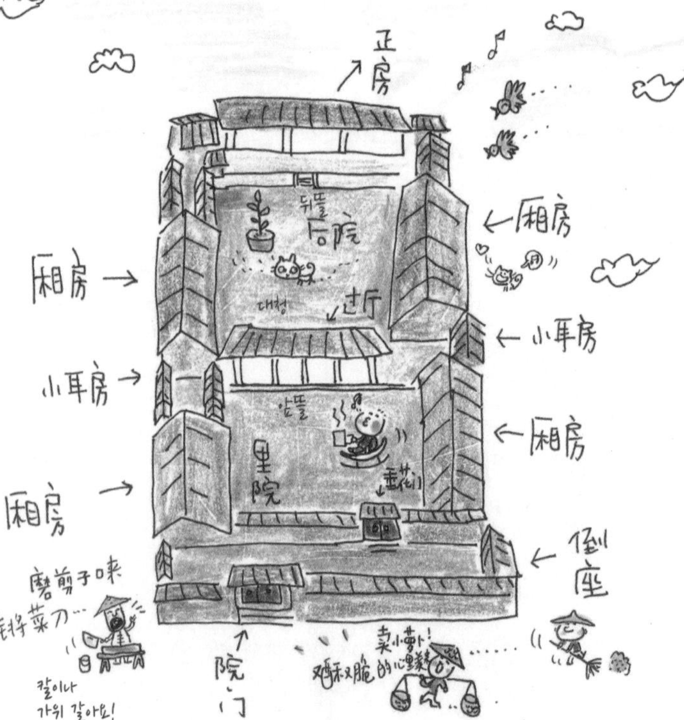

쓰허위안(四合院). 베이징의 쓰허위안은 중국 화북 지방의 가장 흔한 전통 가옥 건축 양식으로, 안마당 주위에 네 개의 분리된 집을 가진 주거 복합체이다. 중심이 되는 방(正房)은 남북 축 위에 세워지며, 동시에 두 날개 방은 양쪽 면에 위치한다. 가족의 연장자가 정방에 살고, 날개 방은 젊은 세대를 위한 방이다. 이러한 설계는 "연장자와 손아래가 각기 그들의 장소가 있다"는 전통 예의와도 일치할 뿐만 아니라, 거주자의 평온함과 사생활을 유지하는 데에도 도움이 된다.

산시(陝西)의 토굴집(窯洞). 중국 북서부에 있는 황투고원은 건조한 기후와 낮은 강우량, 추운 겨울의 자연적 조건으로 유명하다. 황토는 종종 깊이가 100~200m나 되며, 튼튼하고 불침투성으로 토굴집을 위한 흡음재료를 제공해준다. 토굴집은 보통 산허리에 남향집으로 햇볕을 쬘 수 있도록 짓는다. 광활한 평지 앞에 지어, 겨울에는 따뜻하고 여름에는 서늘하여 매우 경제적이고 안락하다.

저우좡(周莊)의 고대 도시. 중국 남부에는 많은 강과 지류가 있으며, 사람들은 대부분 강가를 따라서 집을 짓는다. 저우좡은 명나라와 청나라의 건축들이 잘 보존되어 있는 곳으로 유명하며, 회색 기와지붕으로 된 옛날 집들은 좁은 판석 길의 양쪽 옆으로 솟아 있고, 강과 돌다리를 배경으로 서로 마주하고 있다. 수로로 채워져 있는 장면이 마치 중국 수묵화 같다.

투러우(土樓). 푸젠성 투러우는 2008년 8월에 세계 문화유산으로 등재되었다. 산악 지역에 있는 투러우는 흙을 다져서 굳혀 만든 독특한 대형 주거 형태이다. 원형 또는 사각형이 있는데, 원형의 투러우가 전형이다. 투러우는 웅장한 형태의 공동체 건축 스타일로, 씨족에서 집단생활을 하는 하카(Hakka, 또는 커자라고 하며, "손님"이라는 뜻) 사람들의 민간 풍습을 구체화하고 있다.

톈산(天山) 인근의 유르트(천막집). 중국의 서부 신장위구르 자치구에 있는 톈산 산기슭에 위구르족을 포함한 많은 소수 민족들이 살고 있다. 과거에 그들은 유목민처럼 살면서 텐트를 거처로 삼았다. 유르트는 나무 구조가 있고, 커다란 펠트 천으로 덮는데, 해체하기가 매우 편리하며, 말 등에 실어서 새로운 방목지로 이동한다.

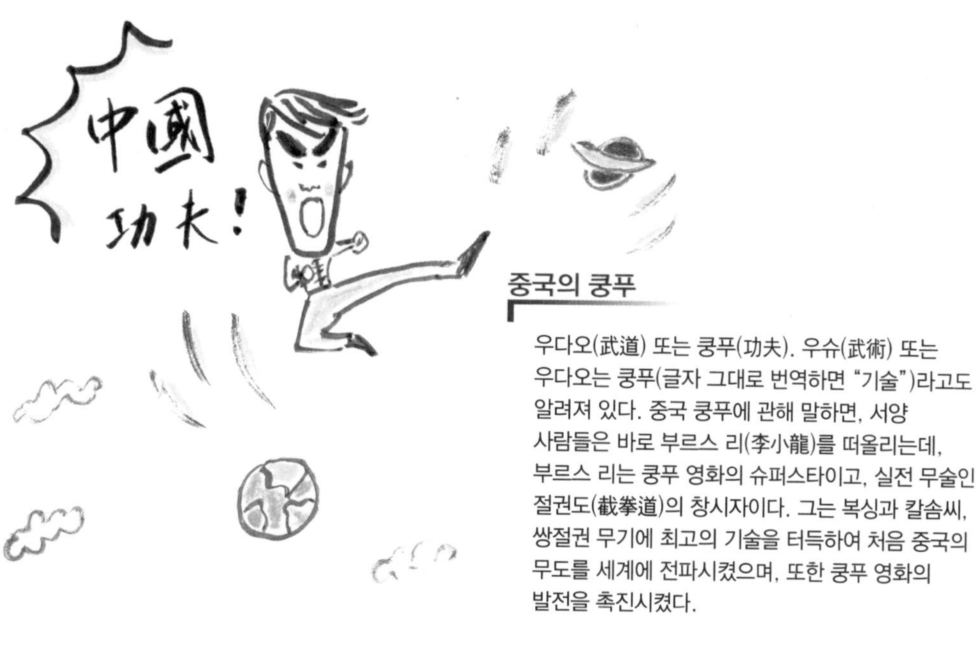

중국의 쿵푸

우다오(武道) 또는 쿵푸(功夫). 우슈(武術) 또는 우다오는 쿵푸(글자 그대로 번역하면 "기술")라고도 알려져 있다. 중국 쿵푸에 관해 말하면, 서양 사람들은 바로 부르스 리(李小龍)를 떠올리는데, 부르스 리는 쿵푸 영화의 슈퍼스타이고, 실전 무술인 절권도(截拳道)의 창시자이다. 그는 복싱과 칼솜씨, 쌍절권 무기에 최고의 기술을 터득하여 처음 중국의 무도를 세계에 전파시켰으며, 또한 쿵푸 영화의 발전을 촉진시켰다.

중국 무술계에서 승려들에 의해 여러 세대에 걸쳐 소림권을 연습해온 사오린쓰(少林寺)는 오랫동안 큰 명성을 누리고 있다. 강호의 모든 무공이 총망라되었다는 "소림 72절예"에는 매우 중요한 기본 기술이 들어있으며, 어린 시절부터 매우 엄격한 훈련을 받고, 고난이도의 복잡한 동작을 완전히 습득하도록 요구한다.

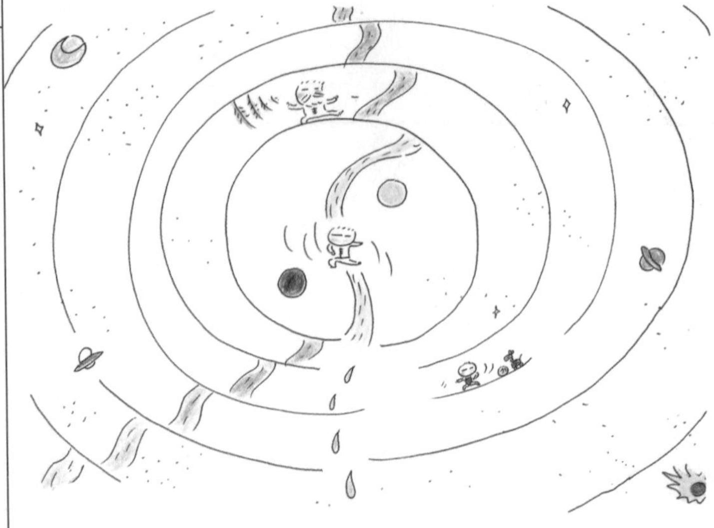

타이지취안(太極拳, 또는 tai chi chuan, 중국의 새도우 복싱)은 마음의 움직임에 따라 몸이 움직이는 것을 강조하며, 온화함과 우아한 자세로 강함을 완화시킨다. 타이지취안은 오늘날도 여전히 인기 있는 운동으로, 기술과 호흡 모두의 향상을 강조하기 때문에 신경과민과 호흡 계통을 조절할 수 있으며, 병을 예방하거나 치료할 수 있다.

심호흡과 자세 등을 수련하는 건강법인 치궁(氣功)은 중국 사람들이 건강을 유지하는 독특한 방식이다. 기공은 마음을 집중하고 호흡을 조절하는 것을 통해 건강을 향상시켜, 수명을 연장하고, 병을 치료하며, 육체적 기능을 향상시키는 것을 지향한다.

일반적으로 앞에서 말한 중국 쿵푸의 문파들은 덕행과 자기 방어를 강조한다. 쿵푸는 다른 사람을 공격하기 위한 것이라기보다는 건강과 자기 방어를 위한 단련 수단으로, 이것은 중국의 전통적인 군사 개념과 매우 유사하다.

03

아름다운 중국

중국을 방문하는 대부분의 사람은 자금성과 만리장성, 병마용에 가서 이 고대 나라의 풍부한 문화를 감상하고 싶어하지만, 또 어떤 사람들은 혼잡스럽고 어수선한 세계로부터 떨어져 한가롭고 평온함을 즐길 수 있는 윈난에 있는 전설의 작은 도시처럼 외진 곳을 방문하고 싶어한다.

자금성: 웅장함과 장엄함

베이징의 중앙에 위치하고 있는 자금성은 대표적인 중국 최고의 고대 건축물일 뿐만 아니라, 세계에서 규모가 가장 크면서도 잘 보존된 궁궐이다. 명나라(1368년~1644년)와 청나라(1616년~1911년)가 이곳에서 중국 대륙을 지배했다.

자금성은 두 부분으로 나누어지며, 앞부분은 황제가 나랏일을 보던 곳으로 사용되었고, 뒷부분은 황제와 황후, 첩들이 거주하던 곳이다. 주요 건물들은 남쪽에서 북쪽으로 축선 위에 대칭으로 서 있고, 황실의 웅장함을 나타낸다.

자금성의 색깔을 살펴보면 모든 건물은 지붕이 황금색 유약을 바른 기와로 되어 있고(황금색은 황제의 힘을 상징하며, 단지 황궁에서만 이 색깔을 사용할 수 있었다), 벽은 붉은색으로 칠해져 있으며, 바닥은 다양한 대리석 테라스로 만들어져 있다. 회색 배경을 마주하고서, 이 호화스러운 붉은색과 노란색 건물은 하늘의 궁전을 닮았으며, 황제의 힘을 나타낸다.

목조 건축물은 중국 고대 건축물의 특징 중의 하나로, 나무로 만든 들보와 기둥, 문, 창문은 가끔 기쁨을 상징하는 주홍빛으로 칠해져 있으며, 용이나 봉황, 꽃, 식물과 같이 화려한 무늬로 장식되어 있다. 자금성의 태화전(太和殿)은 중국 최대의 목조 건축물이다.

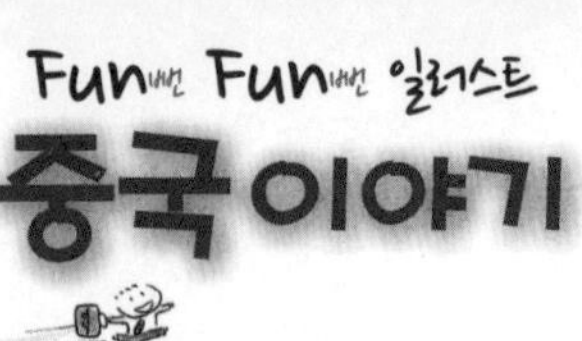

만리장성: 평화를 위한 기원

기원전 220년에 중국을 통일한 첫 번째 왕조인 진나라(기원전 221년~206년)는 초기에 단절된 방어 보루를 갖고 있었는데, 후에 북쪽으로부터의 침입을 막기 위한 완벽한 방어체계를 구축했다. 만리장성으로 알려진 이 방어체계는 한나라(기원전 206년~기원후 220년)와 명나라(1368년~1644년) 때 다시 수리하여, 세계에서 가장 긴 군사 시설이 되었다. 만리장성은 중국 북부와 중부의 거대한 땅을 따라서 대부분의 구역이 높은 산위에 벽돌과 바위를 쌓아 구불구불하게 만들어져 있으며, 총 길이는 6,700km로 모든 구역이 연결되어 있는 것은 아니다.

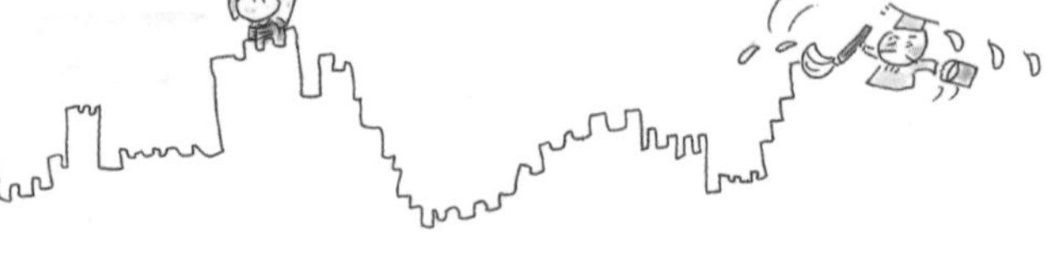

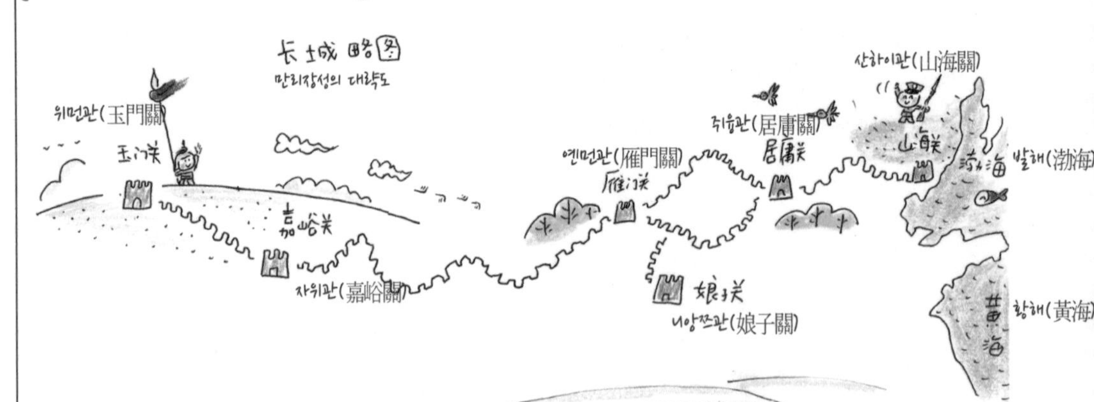

중국인들은 왜 만리장성을 만들었을까? 옛날 중국의 남쪽은 농업이 발달한 반면에, 북쪽은 비교적 낙후되어 있었다. 불리한 자연 환경 때문에 북쪽 유목민들은 물과 목초지가 있는 곳이라면 어디든지 옮겨다녔으며, 목축과 사냥으로 겨우 살아갔다. 그래서 남쪽 중원에서 농사를 짓는 사람들의 재산을 넘봤는데, 만리장성은 북쪽으로부터의 기마 부대에 대응하는 효과적인 군사적 방책이 되었다.

만리장성을 따라서 만들어진 일부 요새화된 관문 중에서 산하이관(山海關), 황야관(黃崖關), 쥐융관(居庸關) 등이 유명하며, 만리장성의 가장 중요한 구성 요소 중의 하나인 봉화대는 낮에는 연기로, 밤에는 불로써 군사 정보를 전달했다.

만리장성 문화의 핵심은 평화로, 만리장성을 만들게 된 것은 전쟁을 반대하는 굳은 결의를 증명하고자 했던 사람들의 꿈과 깊은 관계가 있다. 오늘날 만리장성은 더 이상 군사적 방어시설로서의 기능은 없지만, 그것의 독특한 건축미는 여전히 현대인들에게 놀라움을 주고 있다. 베이징 외곽에 있는 구불구불한 만리장성의 바다링(八達嶺)과 쓰마타이(司馬臺) 구역은 빼놓을 수 없는 관광 코스이다.

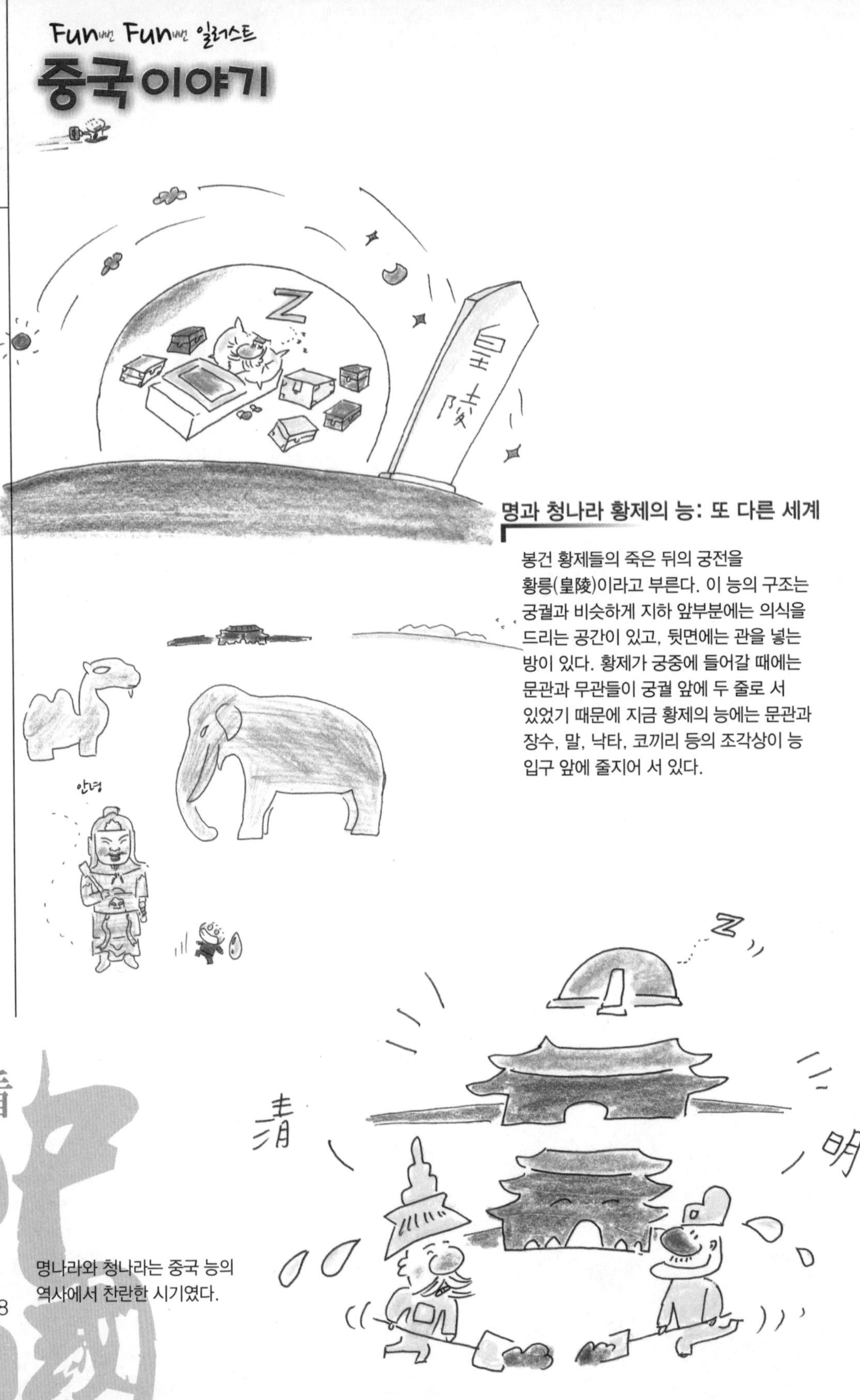

명과 청나라 황제의 능: 또 다른 세계

봉건 황제들의 죽은 뒤의 궁전을 황릉(皇陵)이라고 부른다. 이 능의 구조는 궁궐과 비슷하게 지하 앞부분에는 의식을 드리는 공간이 있고, 뒷면에는 관을 넣는 방이 있다. 황제가 궁중에 들어갈 때에는 문관과 무관들이 궁궐 앞에 두 줄로 서 있었기 때문에 지금 황제의 능에는 문관과 장수, 말, 낙타, 코끼리 등의 조각상이 능 입구 앞에 줄지어 서 있다.

명나라와 청나라는 중국 능의 역사에서 찬란한 시기였다.

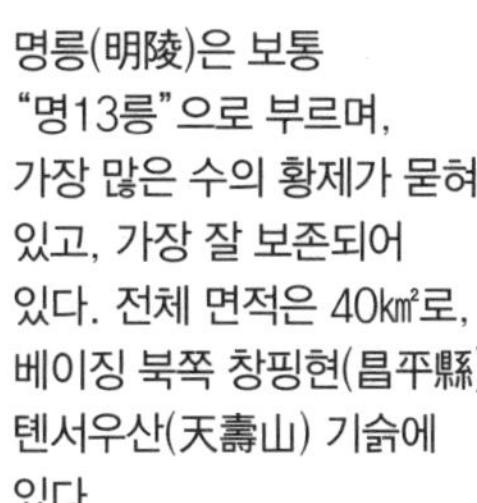

명릉(明陵)은 보통 “명13릉”으로 부르며, 가장 많은 수의 황제가 묻혀 있고, 가장 잘 보존되어 있다. 전체 면적은 40㎢로, 베이징 북쪽 창핑현(昌平縣) 톈서우산(天壽山) 기슭에 있다.

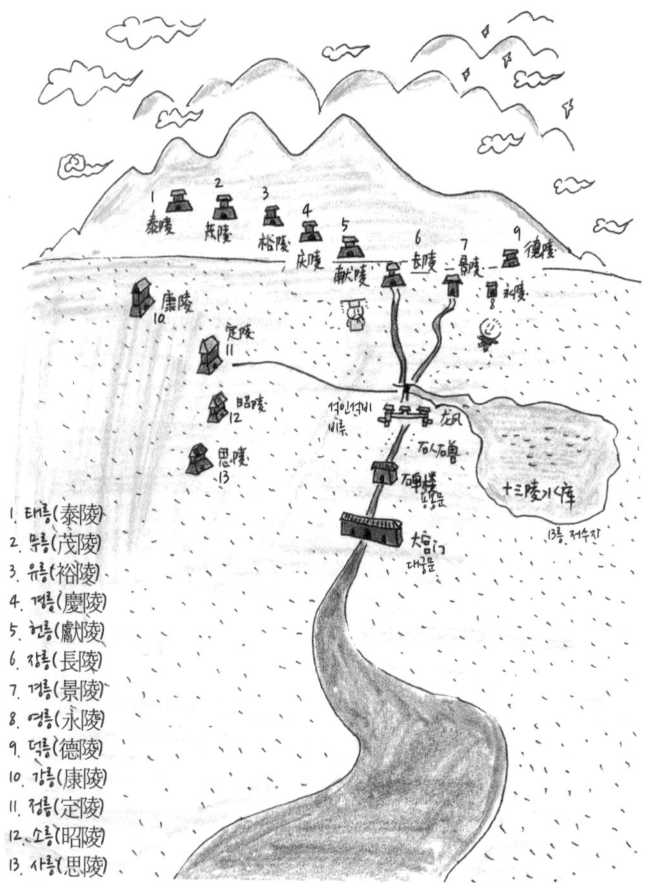

청나라(1616년~1911년)는 중국의 마지막 봉건 왕조로, 청나라 황제 능은 지어진 날짜와 위치에 따라 세 지역으로 나눌 수 있다. 청나라 초기 황릉 3개는 산하이관 밖과 동쪽 능, 서쪽 능이 있다.

천단(天壇): 황제가 하늘에 제사지냈던 곳

천단은 중국에서 군주가 하늘에 제사를 지내던 도교 제단으로, 15세기 초에 지어진 이 건축물은 매우 간결하고 일정하게 설계되었으며, 거대한 듯이 보이지만 단순하다. 옛 베이징시의 남동쪽에 위치하고 있다.

중국 역사책의 기록에 의하면, 하늘에 제사를 지내는 것은 매우 중요한 의미를 지닌 국가 행사였다. 500년 이상, 모두 23명의 황제가 문관과 무관들을 데리고 천단에서 하늘에 제사를 지내고 풍년을 기원했는데, 정해진 관습에는 황제가 1년에 두 번씩 이곳에 와서 좋은 날씨와 풍년을 기원하는 제사를 하늘에 지냈다고 한다.

천단의 주요 건물들은 남쪽에서 북쪽으로 똑바로 서 있으며, 모든 건물과 제단은 남쪽을 마주하고 원을 이루고 있으며, 하늘을 상징한다. 기년전(祈年殿)의 기능은 이름에서 분명하게 나타나고, 황궁우(皇穹宇)는 제반 제천 의식을 준비하고, 하늘에 바람과 구름 해와 달 등 자연신의 위패와 역대 황제의 위패가 모셔져 있는 사당이다. 한편 그것을 둘러싸고 있는 벽돌로 만든 벽이 있는데, 그것이 바로 유명한 회음벽(回音壁)이다. 원구단은 매년 동짓날 황제가 친히 이곳에 와서 하늘에 제사를 지내던 곳이다.

하늘에 제사지내는 고대 중국의 전통 장소로서 천단은 풍부한 문화적 함축성을 갖고 있으며, 비록 이러한 전통들이 더 이상 쓸모가 없어졌지만 천단은 여전히 우리에게 더없는 즐거움을 주고 있다.

이화원(頤和園): 황제 정원의 박물관

이화원은 세계에서 가장 크고 잘 보존되어 있으면서 풍부한 문화적 의미를 담고 있는 황제의 정원으로, 황제 정원들의 박물관으로 사랑을 받았다. 이곳은 황제가 짧은 기간 머무는 장소이면서, 황제의 정원으로 사용되기도 했다. 1750년에 처음으로 만들어져 1860년에는 전쟁으로 손상을 입었다가, 1886년에 다시 복구되었다.

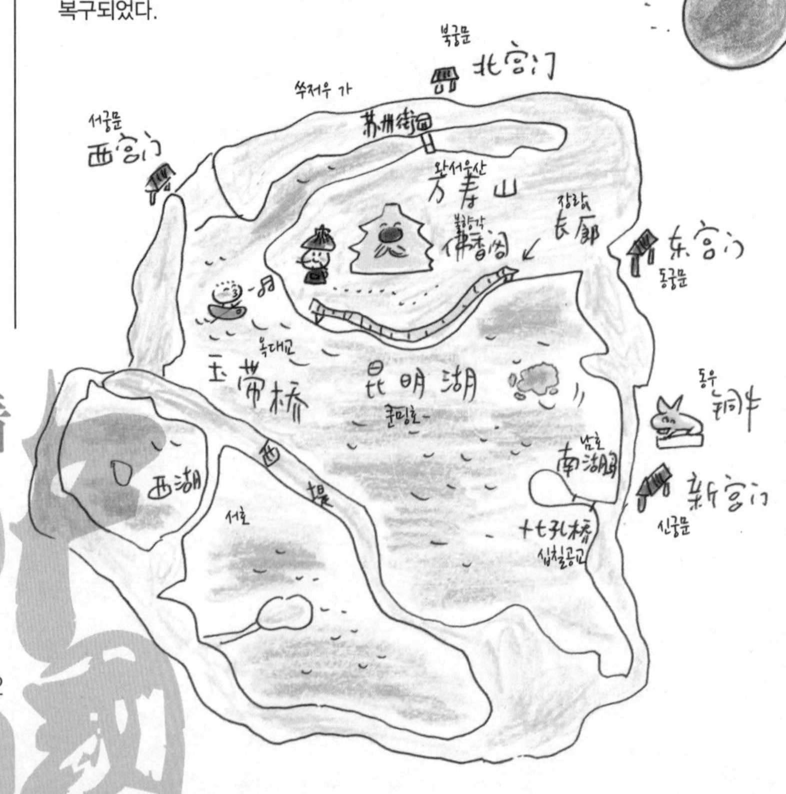

인공 조경물인 누각과 장랑, 저택들, 사원, 다리는 자연적인 구릉이나 호수와 조화를 이룬다. 가장 독창적이고 독특한 것은 그림들이 줄지어 있는 728m의 장랑(長廊)으로, 다른 경관들과 이어져 있어 정원의 아름다움을 돋보이게 한다.

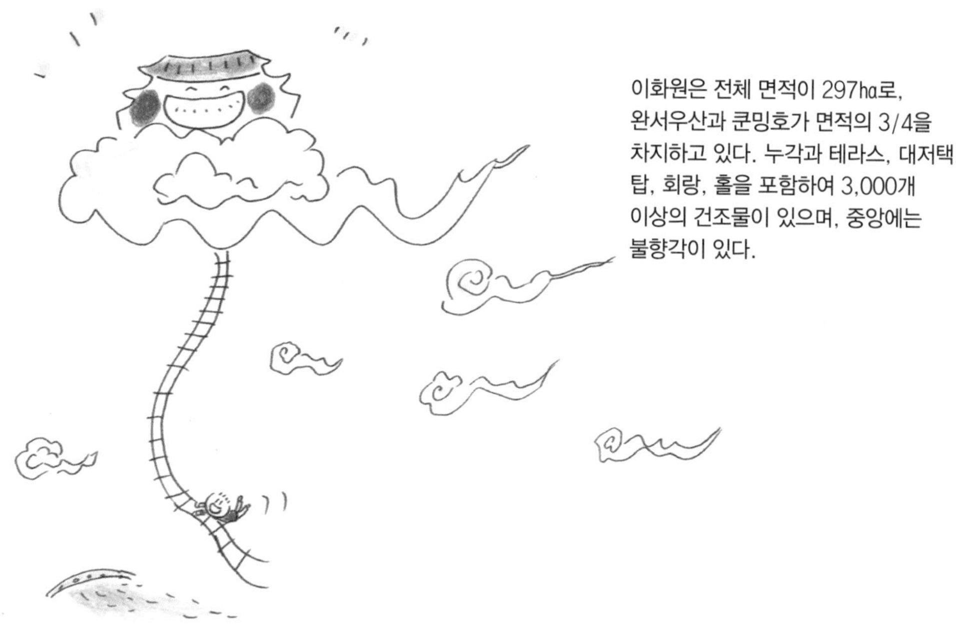

이화원은 전체 면적이 297ha로, 완서우산과 쿤밍호가 면적의 3/4을 차지하고 있다. 누각과 테라스, 대저택, 탑, 회랑, 홀을 포함하여 3,000개 이상의 건조물이 있으며, 중앙에는 불향각이 있다.

원명원(圓明園, 또는 the Old Summer Palace)은 이화원 근처에 위치하고 있으며, 중국에서 가장 큰 황제의 정원으로, "정원 중의 정원"이라고 알려져 있다. 2차 아편전쟁 기간에 베이징으로 침입한 프랑스와 영국군에 의해 파괴되었다.

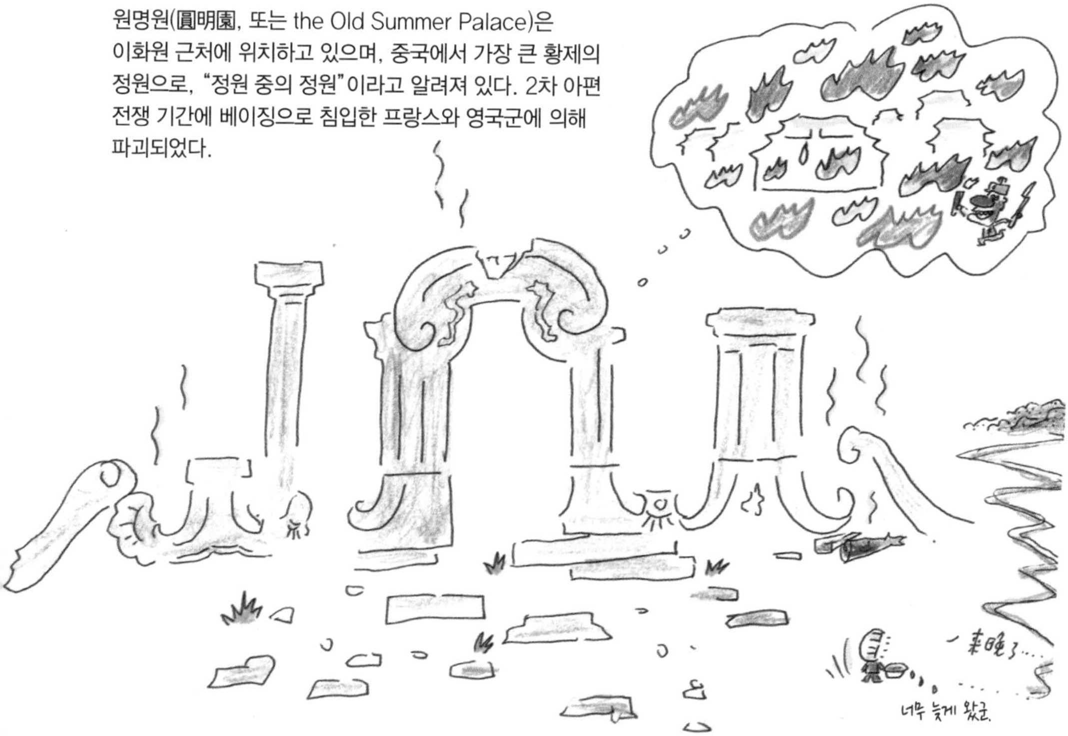

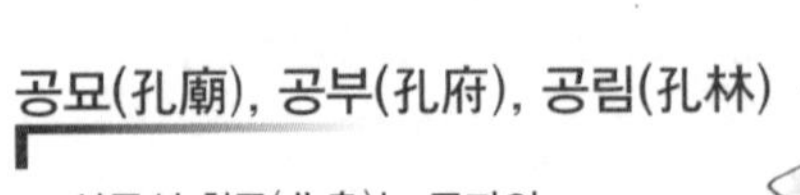

공묘(孔廟), 공부(孔府), 공림(孔林)

산둥성 취푸(曲阜)는 공자의 고향으로 공묘, 공부, 공림이 이곳에 있다.

취푸에 있는 공묘는 각 왕조의 황제들이 공자를 기념하여 제사를 지내기 위해 만든 곳으로, 중국에서 규모가 가장 크고, 가장 잘 장식되어 있다. 기원전 478년에 세워졌으며, 466개 방들이 9개 줄로 되어 있다. 주요 건물인 대성전(大聖殿)은 높이가 31.89m로, 용의 승천하는 모양이 새겨져 있는 거대한 28개의 석주를 가진 장대하고 아름다운 회랑이 있는데, 각 기둥은 하나의 돌에 조각을 새겼다.

공부

공자의 직계 자손들의 소유로, 주거용 집과 집무 공간으로 구성되어 있다. 공부에는 많은 역사적인 고문서들과 문화적 유물, 복장, 이전 왕조의 가정용품이 보관되어 있다. 모두가 귀중한 유물이다.

공림

공자와 그의 자손들이 묻혀 있는 약 200ha 규모의 무덤을 말하며, 3,600개의 돌비석이 있고, 공자의 묘는 6m 높이의 봉분이 있다.

핑야오(平遙): 고대 중국의 월스트리트

핑야오의 고대 도시는 2,700년 전에 처음 세워졌다. 핑야오는 고대 중국 도시의 원형을 잘 보존하고 있는 역사적인 도시로 명나라, 청나라 때부터 거의 변하지 않은 듯하다.

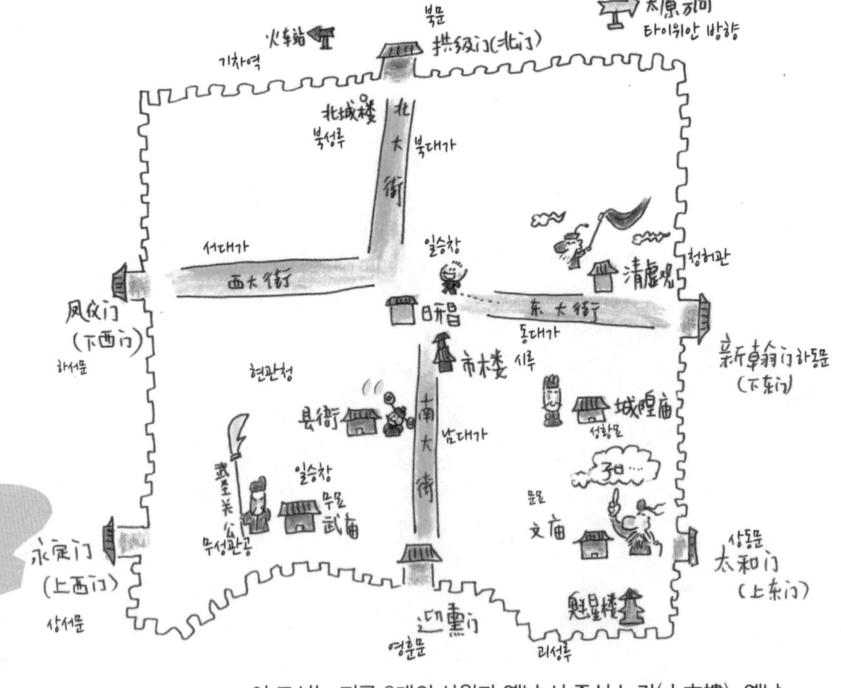

이 도시는 지금 6개의 사원과 옛날 시 중심 누각(古市樓), 옛날 현관청(古縣衙) 등의 오래된 건물이 보존되어 있다. 100개 넘는 거리와 좁은 골목길이 원래 형태로 있으며, 가게들이 거리를 따라서 그들이 세워졌던 17세기부터 19세기 때까지 대부분 변하지 않고 그대로 남아 있다. 또한 400채가 넘는 일반 주택이 지방 특색을 유지하고 있다.

18세기 초에 산시 상인들이 중국에서 일으킨 금융 혁명 때문에 핑야오는 역사적으로 오늘날 "중국의 월스트리트"라고 불려진다. 일승창(日昇昌)은 상인들이 그곳에서 돈을 예금했다가 다른 장소에서 인출할 수 있었던 곳으로, 현대 은행의 조상이다.

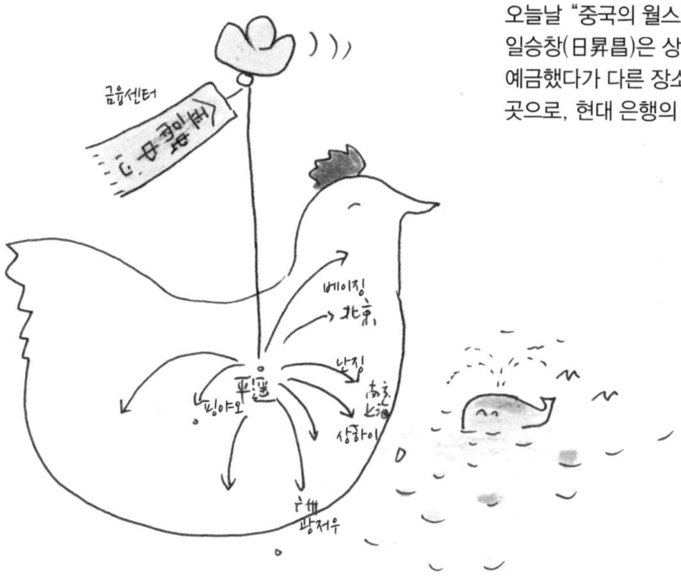

핑야오는 지금까지 중국 한족 지역에 명·청 시기 현성(縣城)의 모습을 가장 완전하게 보존하고 있는 유일한 곳으로, 중국 역사에서 가장 영향력 있었던 기간 동안의 문화적, 사회적, 경제적, 종교적 발단의 완벽한 사진을 우리에게 제공해주고 있다.

황제의 여름 별장: 소박하면서 단아한 황궁의 정원

청더(承德)의 황제 여름 별장은 베이징으로부터 230km 떨어진 곳에 있으며, 1703년에 시작해서 약 90년이 걸려서 완공되었다. 전체 면적은 564ha로 궁정구, 호수구, 평야구, 산지구 4 지역으로 구성되어 있고, 중국에 현존하는 최대의 황제 별장이다.

청나라 황제가 황제의 여름 별장을 지은 것은 중국 국경 지역의 소수 민족들 달래고 화합하며, 국가의 결속을 공고히 하려는 정치적 목적이 있었다. 그것이 세워진 뒤에 청나라의 모든 황제들은 여기에서 많은 시간을 보냈으며, 주요 군사적 • 정치적 업무를 처리했고, 외국의 사신들과 국경 지역 소수 민족의 정치 • 종교 지도자들을 만났다.

별장 주변에는 중국 서북쪽에서 부처와 황제에게 경의를 표하기 위해서 오는 소수 민족의 귀족들이 있던 11개의 라마사원이 있다.

看中國

진시황릉: 침묵하는 군대

진시황릉은 산시성 셴양(咸陽)에 위치해 있다. 역사 기록에 따르면 그 황릉은 깊은 지하에 묻혀 있으며, 모든 계급과 등급의 관리, 지하 궁전과 초병들로 구성되어 있고, 많은 진주와 옥, 보석, 그리고 다른 귀중한 공예품이 소장되어 있다고 한다. 그러나 능이 만들어졌을 때 진시황이 기술자들에게 많은 함정을 만들도록 하여, 지금까지도 능은 여전히 완전히 발굴되지 않고 있다.

황릉은 진나라의 수도였던 셴양의 배치를 모방하여 지어졌으며, 그 안에서는 세계적으로 유명한 실물 크기의 군마와 이륜 전차, 무기들과 함께 있는 각기 다른 자세의 조각상들이 발견되었고, "세계 8대 불가사의"로 불려진다.

쑤저우 전통 정원: 미묘한 아름다움

이전 왕조들의 봉건 황제들은 큰 정원을 선호했지만, 양쯔강 이남에 있는 개인 정원들은 대저택에 속해 있는 작은 규모의 정원이 대부분으로, 제한된 공간에 공간의 변화를 이용하여 인공 산과 강, 아름다운 건축물들을 작은 규모로 자연스럽게 재창조했다.

쑤저우는 중국에서 역사・문화적으로 유명한 도시이며, 200개에 가까운 전통 정원을 자랑하고 있다. 16세기에 세워진 줘정위안(拙政園)은 유명한 개인 정원으로, 30개가 넘는 탑이나 정자, 저택과 같은 건축물이 연못과 언덕 주변에 흩어져 있어서 다른 경관을 연출하며, 쑤저우에 있는 류위안(留園), 왕스위안(網師園)은 다른 전통 정원들과 함께 유네스코 세계 문화유산에 등재되었다.

쑤저우의 우아한 전통 정원은 중국인들의 수줍은 성격과 독특한 미 의식을 나타내며, 인공 정원에 자연적인 경치를 재현하고자 만들어졌다.

쑤저우의 정원은 변화가 많고 미묘하게 배치되어 있는데, 똑바른 길이 거의 없어서 "구불구불한 오솔길이 깊고 외진 곳까지 나 있고, 경치가 변화무쌍하며(曲徑通幽, 景色多變)" 높이가 다른 꽃과 나무들, 계절에 따라 달리 피는 꽃들….

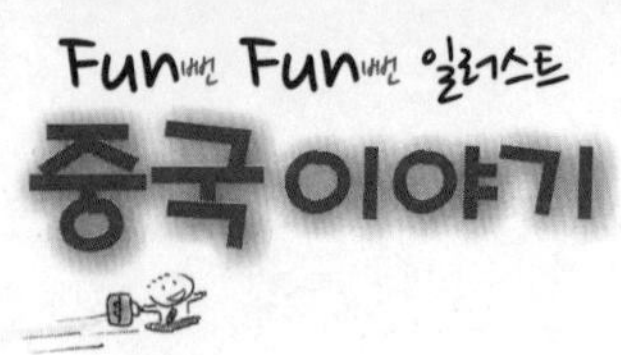

루산(廬山): 끝없이 변화하는 아름다움을 가진 위험한 정상

루산은 장시(江西)성 북쪽에 있으며, 북쪽으로는 양쯔강과 이어지고, 동쪽으로 중국에서 가장 큰 담수호인 파양호(鄱陽湖)가 있으며, 최고봉은 1,474m의 한양봉(漢陽峰)이다.

루산은 중국에서 가장 유명한 피서 명승지 중의 하나로 손꼽히며 운해와 폭포, 기괴한 바위들로 널리 알려져 있다. 수로에 위치한 루산은 비가 자주 오고, 기후가 습하며, 22개의 폭포와 18개의 급류, 14개의 호수와 연못이 있어 수자원이 풍부하고, 또한 중국에서 해돋이를 관찰하기 가장 좋은 9곳 중의 하나이다.

루산은 역사와 문화적으로도 매우 유명한데, 불교와 도교 사원, 송나라와 명나라의 이상주의 철학의 유가를 대표하는 백록동서원(白鹿洞書院)이 최고의 자연미와 조화를 이루고 있다.

우당산(武當山): 도교의 신성한 땅

과거에 타이허산(太和山)이라고 불리던 곳으로, 후베이성 단장커우시(丹江口市) 서남쪽에 있으며, 가장 높은 봉우리는 해발 1,612m의 톈주봉(天柱峰)이다.

당나라(618년~907년) 때부터 우당산은 도교의 신성한 땅으로 알려졌으며, 명나라 영락(永樂) 10년(1412년)에 군대와 인부 30여만 명을 동원하여 중국 최고의 160만m²의 우당산 도교사원을 지었다.

우당산은 중국 고유의 무술로도 유명하다. 중국 쿵푸의 중요한 문파의 하나로서, 타이지취안(太極拳), 싱이취안(行意拳, 다양한 종류의 동물이나 새의 동작을 모방해서 혼자 연습하는 것), 바과장(八卦掌, 팔괘에 근거한 기술 이론으로, 다양한 주먹[손바닥] 기술과 민첩한 발과 다리의 움직임이 특징이고, 부드러움과 강함의 싸움 전술을 결합시켰다.) 우당 치궁, 우당 검술, 다른 무술과 무기 기술이 있다.

리장(麗江): 은둔의 고대 도시

13세기에 지어진 리장의 고대 도시는 윈난성에 위치하고 있다. 도시의 성벽은 없지만, 평탄하면서 깨끗하고 좁은 판석(板石) 오솔길, 손으로 지은 흙 나무집들, 작은 다리, 흐르는 강이 있다.

리장에 있는 집들은 한족과 바이족, 이족, 티베트족, 나시족(納西族)들의 특징을 결합시킨 것으로, 중국 건축의 역사와 민속 문화의 발달을 이해하는 데 매우 귀중한 유산이다.

리장은 많은 소수 민족의 고향으로, 나시족이 많은 인구를 갖고 있는 것 이외에도 한족과 바이족, 이족이 있다. 동파(東巴) 문자는 고대 나시족의 필기 문자로, 1,000년이 넘는 역사를 갖고 있다. 지금까지 남아 있는 유일한 상형 문자 언어로, 인간 사회와 문자 언어의 기원과 발전을 연구하는 데 "살아있는 화석"으로 여겨진다.

포탈라궁(布達拉宮): 천국의 궁전

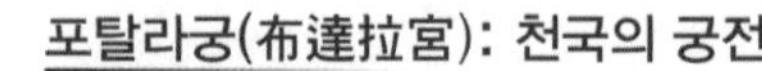

티베트 라싸를 방문하면, 제일 먼저 포탈라궁이 보인다. 푸른 하늘 아래 홍산(紅山, 해발 3,600m) 기슭에 장엄하게 자리한 포탈라궁은 종교적인 신비함을 갖고 있으며, 찬란한 금빛 지붕과 붉은색과 흰색의 담장이 장관을 이룬다. 1994년 12월에 유네스코가 세계 문화유산으로 지정했다.

포탈라궁은 달라이 라마가 겨울 궁전으로 사용했었으며, 세계에서 가장 높은 곳에 지어진 고대 궁전이다. 돌과 나무로 쌓은 포탈라궁은 흔히 프랑스의 베르사유궁과 비교되며, 세계 10대 건축물의 하나로 꼽히고, 티베트 건축술과 회화, 종교 예술의 진수로 주목을 받고 있다.

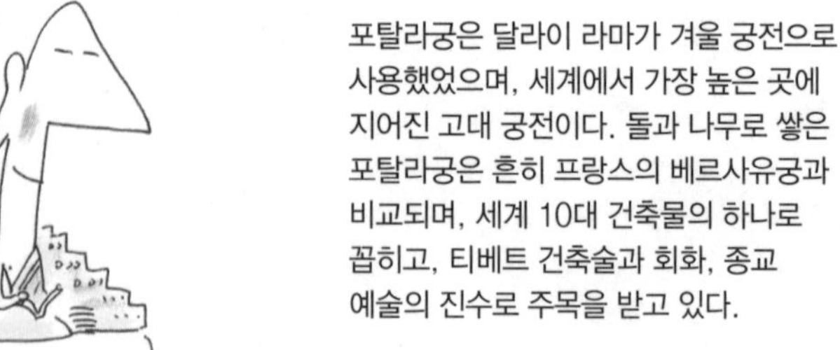

초모랑마(珠峰): 지구상의 최고봉

8,850m 높이의 초모랑마(또는 에베레스트산으로도 부름)는 히말라야에서 최고봉으로, 중국 티베트의 딩르(定日)와 네팔 접경지역에 있으며, 끝없는 얼음과 눈으로 덮여 있다.

초모랑마는 세계의 최고봉으로, 티베트 사람들의 신화에 따르면 다섯 여신이 하늘에서 내려와 그 땅을 구원한 뒤에 다섯 개의 산이 되었고, 그 중 큰언니가 초모랑마라고 한다. "세계의 최고봉"으로 인정받고 있으며, 산악인들에게는 "신성한 신전"이 되고 있다. 초모랑마 주변에는 해발 7,000m이상의 봉우리들이 40개나 있다.

초모랑마의 북쪽 산기슭에 있는 룽부쓰(絨布寺)는 초모랑마를 오르려는 산악인들의 베이스캠프가 되고 있다. 1899년에 창건되었으며, 해발이 5,400m로 세계에서 가장 높은 곳에 위치한 사찰이고, 이곳에서 멀리 떨어지지 않은 곳에 유명한 룽부 빙하(Rongbuk Glacier)가 있다.

샹그릴라: 아름다운 은둔처

중국 밖에서는 세계적으로 인기가 있는 제임스 힐튼(James Hilton)의 소설 《잃어버린 지평선 *Lost Horizon*》을 통해 "샹그릴라"의 신비로운 이름이 알려졌지만, 중국 남서부 디칭(迪慶)고원에 살고 있는 티베트인들에게 "샹그릴라"는 그들의 조상들이 물려준 이름으로, 티베트 말로 "우리들 마음속의 달과 해"라는 뜻이다.

디칭은 중국에서 가장 신비스러운 도시 중의 하나로, 무수히 많은 계곡과 깊은 협곡, 눈 덮인 산봉우리, 물결치는 초원, 목초지가 있다. 티베트족, 나시족, 이족, 바이족, 후이족, 푸메이족, 리쑤족과 다른 민족들이 이곳 아름다운 안식처에서 평화스럽게 살고 있다.

구이린(桂林) 풍경: 가장 사랑스러운 풍경화

중국인들에게 하늘 아래 가장 아름다운 풍경이 무엇이냐고 묻는다면 아마도 구이린의 풍경이라고 대답할 것이다. 구이린은 전형적인 카스트 지형의 특징을 갖고 있어서 작은 보트를 빌려 리장(灕江)을 여행해보면 중국의 풍경화를 발견하게 될 것이다.

구이린은 광시 좡족 자치구(廣西壯族自治區) 북동쪽에 위치하며, 아름다운 산과 깨끗한 물, 거기에다가 환상적인 바위층과 동굴로 세상에 널리 알려져 있다. 리장은 구이린의 북동쪽에 있는 싱안(興安)의 먀오얼산(猫兒山)에서 시작하여 구이린, 양쉬(陽朔)를 거쳐 남쪽으로 437km를 흐른다. 환상적인 구릉과 아름다운 산들을 마치 옥 벨트처럼 꾸불꾸불 흐른다.

양숴(陽朔)는 1,400년 이상의 역사를 가진 고대 도시로, 리장을 따라서 가장 번화가이면서 오래된 거리인 서가(西街)가 있다. 그 거리는 대리석으로 포장된 길에 푸른 벽돌과 코니스의 작은 나무집이 있다.

구이린 이외에도 중국에는 많은 아름다운 경치들이 있다.

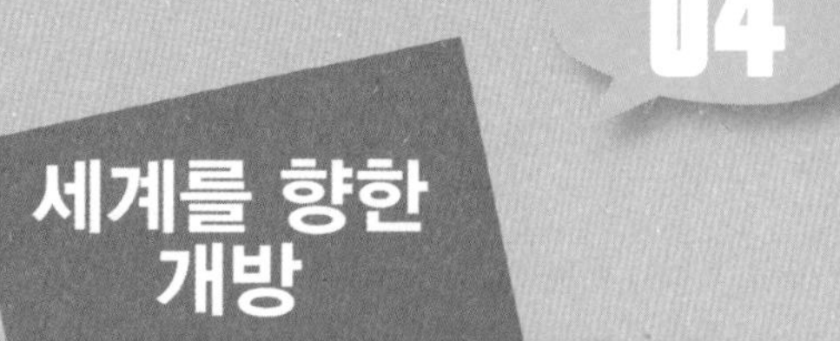

04 세계를 향한 개방

중국하면 사람들은 급속히 성장하는 경제와 함께 찬란한 고대 문명을 떠올린다. 오늘날 중국은 세계에서 가장 큰 경제 가능성을 가진 나라 중의 하나가 되었으며, 거대한 중국 시장은 많은 외국 기업가들의 관심을 끌고, 경쟁적으로 투자를 유치하고 있다.

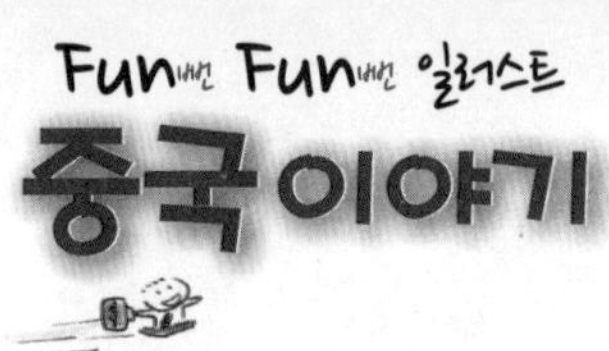

세계 기록을 바꾸는 중국 경제

1978년에 개혁・개방을 한 이후에 중국은 급속한 경제 성장을 이룩했으며, 많은 경제 기록들을 깼다.

중국의 경제 성장 속도는 매우 놀랄만한데, 1978년부터 2008년까지 30년 동안 9.4%의 연평균 성장률을 유지했으며, 심지어 국제 금융 위기가 있었던 기간에도 9.8%를 기록했다. 중국의 국내 총생산(GDP)은 세계 2위를 기록했다.

看中國

세계를 향한 개방

중국은 1978년 말에 개혁 • 개방 정책을 시행하기 시작하여 연안 지역인 선전(深圳), 주하이(珠海), 산터우(汕頭), 샤먼(厦門), 하이난(海南) 다섯 곳을 특별 경제 지역(SEZ)으로 지정했으며, 그 뒤에 더 많은 도시들과 지역에 적용하였다. 이 지역들에는 중국 경제가 국제 사회와 통합하는 것을 돕기 위해 특혜 정책을 실시했다.

중국은 2000년에 영토의 70%를 차지하고, 10개가 넘는 국가와 국경을 접하고 있는 서부 지역을 개발하는 프로젝트를 시작했다. 중국의 서부 지역은 광물자원이 풍부하고, 초창기에 개방되었던 동쪽 연안 지역의 뒤를 이어서 개혁 • 개방을 위한 두 번째 황금 지역으로 평가되고 있다.

Fun빠빤 Fun빠빤 일러스트

중국 이야기

서부 지역의 개발 프로젝트가 시작된 뒤에 중국은 중부와 북서부 지역을 활성화하기 위한 많은 계획들을 내놓아, 그들의 개방과 경제를 촉진시키고 있다.

지금까지 중국은 230개가 넘는 국가, 지역들과 교역을 하고 있으며, 무역 규모면에서 10대 무역 교역국으로는 EU, 미국, 일본, 동남아시아 국가연합, 홍콩, 한국, 타이완, 인도, 호주, 러시아가 있다.

중국은 새로운 거대한 투자자가 되었으며, 중국의 많은 대기업이 경쟁력을 갖고 다국적기업으로 성장했다.

2001년에 중국은 15년의 노력 끝에 세계 무역 기구(WTO)의 회원으로 가입하게 되었으며, 그 이후로 한층 더 국제 사회에 통합되게 되었다. 2009년에 중국의 전 세계 경제 성장에 대한 공헌도가 미국보다 조금 높은 수치인 20%를 넘어섰다고 한다.

오늘날 세계 어디를 가든지 "메이드 인 차이나" 라벨이 붙은 제품을 발견할 수 있는데 월마트, 까르프, 메트로 같은 세계적으로 유명한 유통업체들은 최근 몇 년 동안 중국에서 그들의 구매를 늘이고 있으며, 많은 나라의 백화점과 고급 상점에서 중국 상품들을 발견할 수 있다.

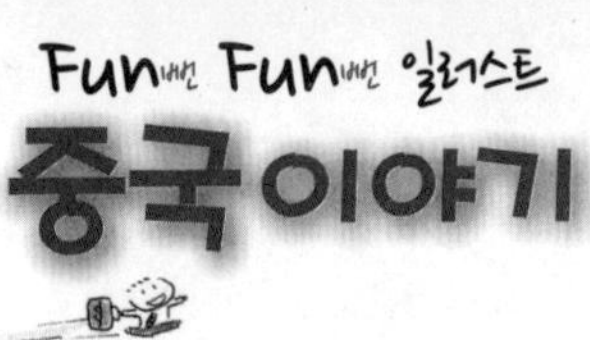

최근에 생겨난 황홀한 도시들

중국의 도시들은 중국 경제 성장을 입증하고 있는데 특히 베이징, 상하이, 선전, 광저우 같은 대도시들은 국가 경제 성장을 선도하고 있다.

베이징은 현대화된 국제적 도시로, 세계 톱 500대 대기업의 21개 본부가 있고, 세계 5위를 차지한다. 금융 거리와 중앙 상업구역(CBD)은 수도의 개방과 경제의 힘을 나타내며, 게다가 국가대극원(國家大劇院)과 베이징 수도국제공항 터미널, 베이징 올림픽 주경기장은 새로운 도시의 가장 기념비적인 건물이 되었다.

국제적인 주요 언론들은 상하이를 급속한 경제 성장의 세계적인 모델로 묘사한다. 중국 최대 도시 상하이는 최대 경제 중심이자 국제적인 무역항으로, 상하이의 대표적인 빌딩인 동방명주 TV타워와 진마오(金茂)빌딩, 상하이 세계금융센터는 세계에서 가장 멋진 스카이라인을 형성한다. 2010년에 상하이에서는 "보다 좋은 도시, 보다 나은 생활"이라는 주제로 세계 박람회가 열렸다.

선전은 중국에서 가장 먼저 개방한 도시로, 경제 특구 중의 하나이다. 30여 년 전의 작은 어촌에서 현대화된 도시로 발전했으며 도시화와 산업화, 현대화에 기적적인 업적을 창조했다. 현재 선전은 생태 정원 도시로 개발되고 있다.

21세기에 중국은 가장 큰 발전 가능성을 가진 10개의 큰 도시 클러스터 형태를 볼 수 있을 것으로 전망되며, 21세기 중반에는 중국의 도시화가 65%에 이를 것으로 평가된다.

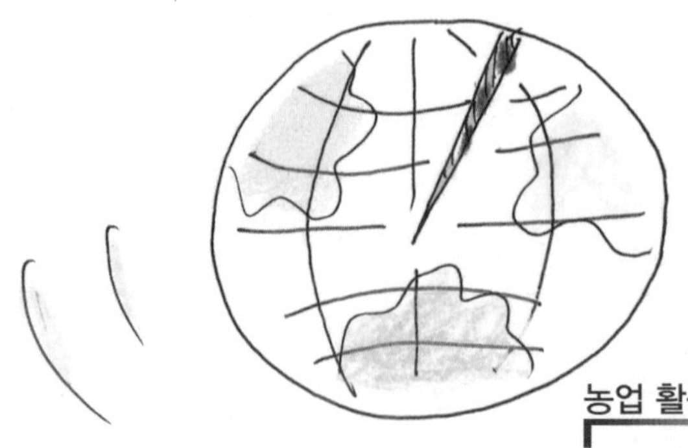

농업 활동

중국은 13억 인구 중에서 9억 명 이상이 농민으로, 농지의 단지 7%만으로 세계 인구의 1/5을 먹이는 데 성공을 거두었다. 현재 세계에서 가장 많은 곡물과 면, 유지 식물, 과일, 육류, 가금류, 계란, 수산물, 야채를 생산하고 있다.

현재 중국의 농업은 점차 현대화를 위해 힘쓰고 있으며, 농업 생산은 갈수록 첨단 기술에 의지하고 있다. 비록 일부 지역에서는 여전히 원시적인 방법의 농업 생산이 유지되고 있지만 많은 농업 생산 기지에서는 생산부터 판매까지 전 과정에서 전산화된 관리가 이루어지고 있다.

"하이브리드 쌀의 아버지"로 불리는 중국의 저명한 과학자 위앤룽핑(袁隆平)은 20세기 후반 십여 년에 걸친 연구 끝에 하이브리드 쌀 개발에 놀랄만한 성과를 거두어 쌀 경작의 역사를 바꾸어놓았다. 그는 현재 1ha당 12,000kg의 쌀을 생산할 수 있는 "슈퍼 하이브리드 쌀"의 보급을 위해 열심히 연구하고 있다.

농민들은 농업 생산에 전념하면서, 또 생태 농원을 만들고, 관광객들에게 오락 시설을 개방하여 가장 자연적인 환경을 만든다. 이러한 농원들은 관광객들로 하여금 아름다운 경치를 즐기고, 사냥이나 낚시, 과일 따기 등을 통해 여유로운 시골의 삶을 경험할 수 있도록 해준다.

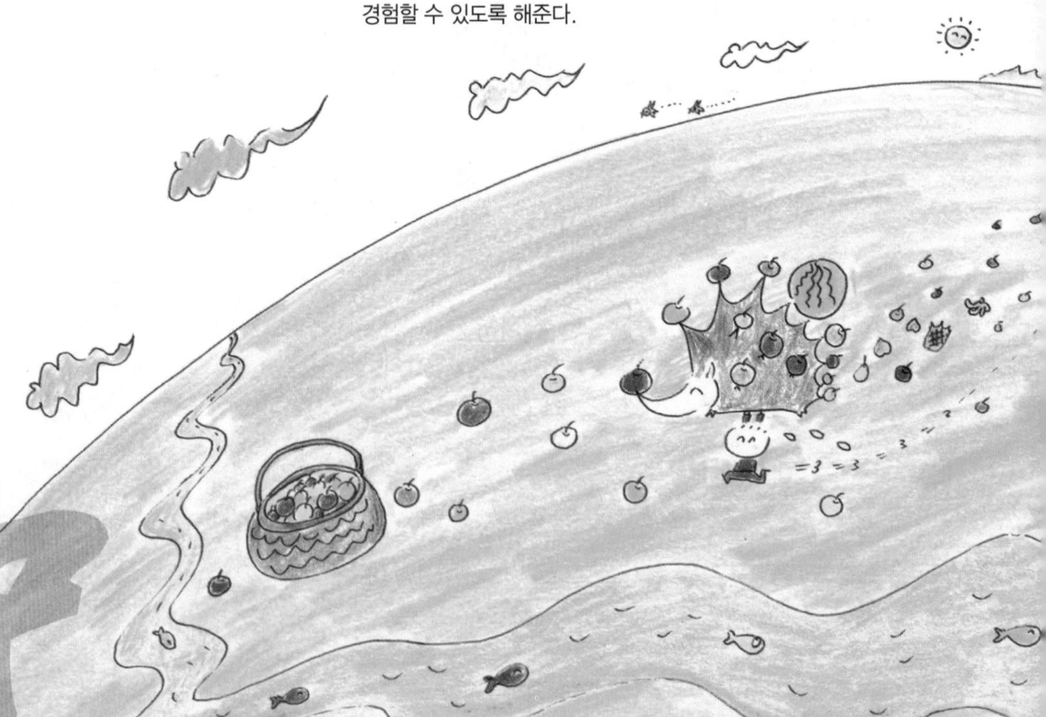

강한 선진 공업 국가

개혁 • 개방이 시작된 1979년부터 중국은 높은 경제 성장률을 유지하고 있으며, 1996년부터 강철, 석탄, 시멘트, 비료, TV 생산에서 세계 정상을 차지하고 있다.

에너지를 절약하고, 배출을 줄이며, 환경을 보호하고, 환경 친화적 개발을 유지하는 것은 매우 중요하면서도 어려운 일이다. 현재 1인당 GDP 단위당 에너지 배출은 현저하게 줄어들고 이산화황 배출 수준은 통제가 되며, 동시에 일부 오염된 강 유역에 있는 수자원은 개선되고 있다.

중국은 위성 회수와 하나의 로켓에 여러 개의 위성 발사, 로켓 기술, 고정 고도로의 위성 발사, 관찰, 조정에 관해서 이미 선진국 수준에 있다.

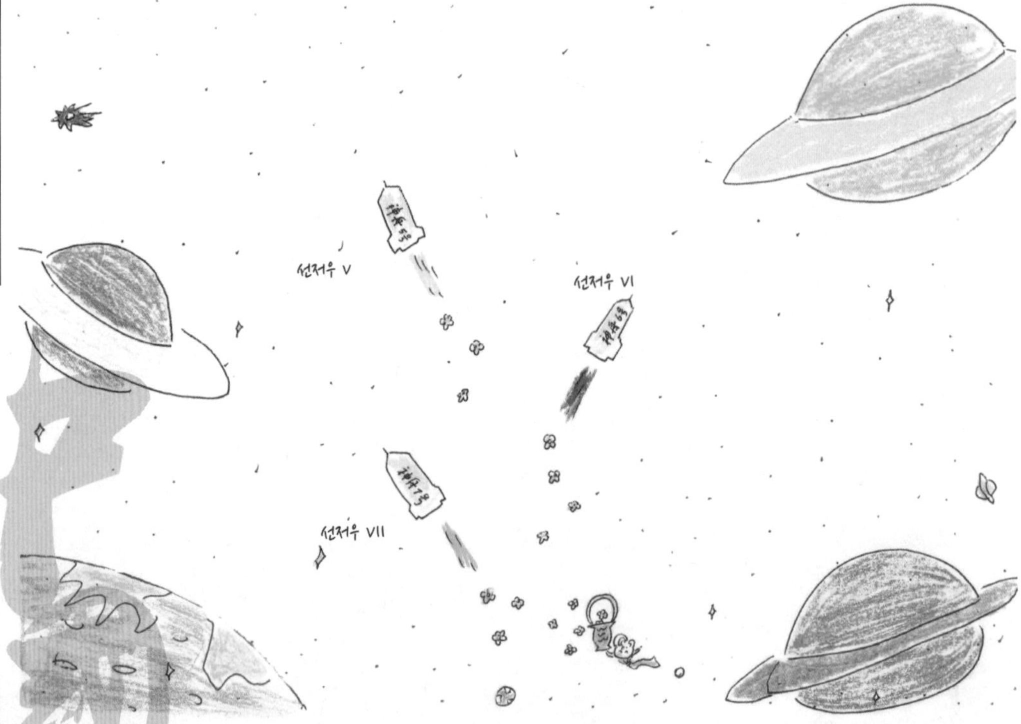

IT(정보 기술) 산업은 중국의 가장 핵심산업분야이다. 2008년에는 중국 IT 산업의 가치가 세계 3위에 올랐으며, 모니터와 휴대 전화, 휴대용 컴퓨터의 최대 생산국이 되었다.

중국은 많은 육로와 해로의 광케이블 건설에 참가하여, 상하이부터 독일의 프랑크푸르트까지 20개국을 지나는 27,000km의 가장 긴 아시아-유럽 육로 케이블이 중국에 의해 시작되었다.

전화는 도시와 농촌 지역에서 널리 사용되고 있고, 2011년 7월말 휴대 전화 사용자가 약 9억2천984만 명에 달하며, 또한 200개가 넘는 국가와 지역의 모바일 로밍을 실현했다.

편리한 교통

오늘날 중국의 고도로 발달된 철도와 고속도로망은 사람들이 가고자 하는 곳으로 편리하게 갈수 있도록 해준다.

도심 지역에서 이동을 할 때 일부 사람들은 시내버스보다 빠른 택시를 이용하기도 하지만, 대부분의 사람은 대중교통을 이용한다.

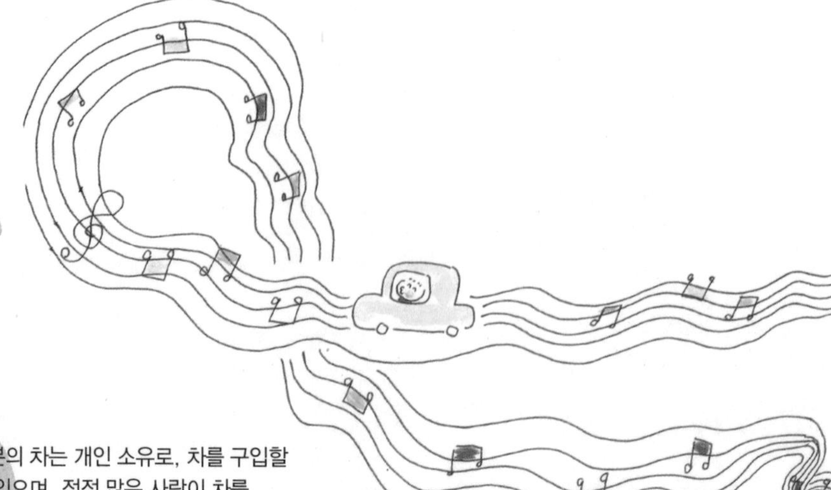

도시에서 대부분의 차는 개인 소유로, 차를 구입할 경제적 여유가 있으며, 점점 많은 사람이 차를 구입하려고 한다.

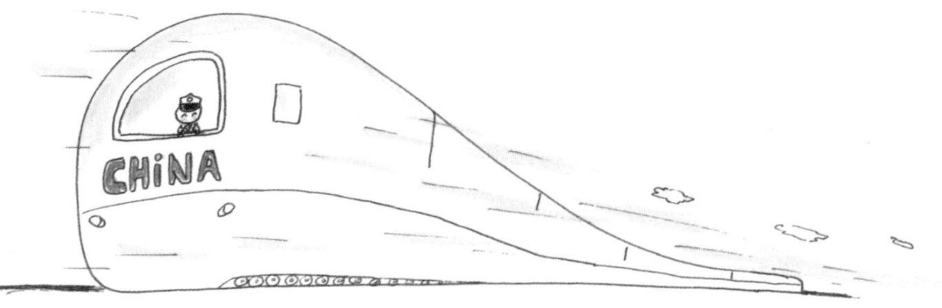

세계 전체 주행거리의 단지 6%를 차지하고 있는 중국의 철도가 세계 철도 교통량의 1/4을 제공하며, 철도 수송 방면에서 1위를 차지하고 있다. 도시의 급행 철도 운송체계는 경전철과 지하철, 교외 철도, 기타 철도 등이 있다.

1997년부터 2011년까지 중국 철도의 최고 속도는 시간당 140km에서 350km로 빨라졌으며, 2008년 8월 1일에 중국의 첫 번째 고속철도인 베이징-톈진 도시 간 특급이 성공적으로 운행되었다. 이 특급 열차는 중국이 전적으로 자체 지적 재산권과 혁신 기술을 보유하고 있으며, 세계 상위 수준에 도달하고 있다. 그리고 2011년 6월 3일 개통된 베이징-상하이 고속철도는 4시간 48분만에 도착할 수 있다.

열차 이용객들을 위한 환경도 많이 개선되어 대부분의 기차가 에어컨을 갖추고 있으며, 청결하고 편안한 환경을 제공해준다.

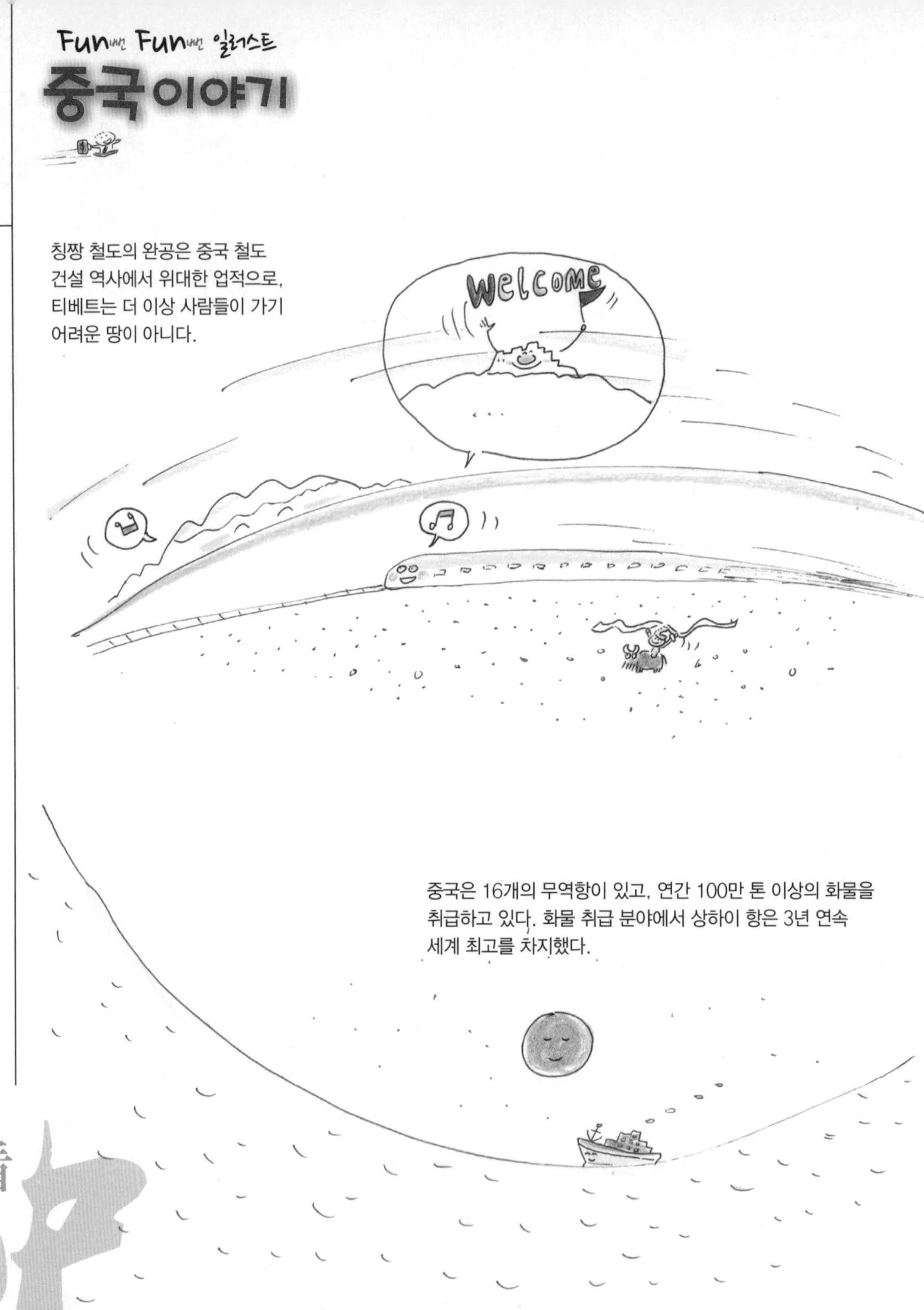

칭짱 철도의 완공은 중국 철도 건설 역사에서 위대한 업적으로, 티베트는 더 이상 사람들이 가기 어려운 땅이 아니다.

중국은 16개의 무역항이 있고, 연간 100만 톤 이상의 화물을 취급하고 있다. 화물 취급 분야에서 상하이 항은 3년 연속 세계 최고를 차지했다.

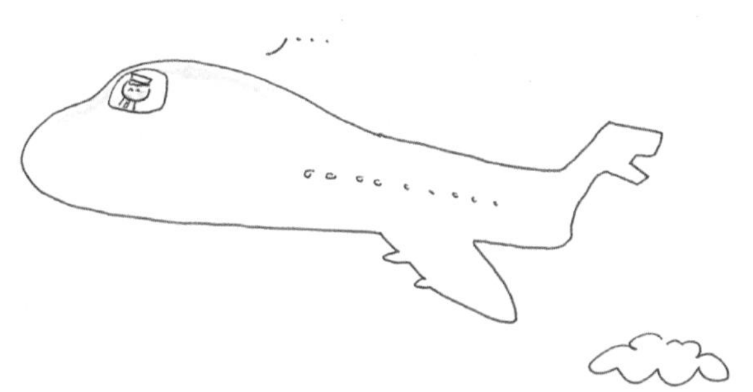

중국은 1,506개의 민간 항공선이 개설되어 있고, 그 중 1,216개의 국내 노선과 290개의 국제 노선이 있다. 중국 민간 항공사들은 대부분 국유이거나 국가가 대주주로서 경영권을 갖고 있으며, 또한 최근 몇 년간 개인과 외국 사이의 합작 항공사가 성장하고 있다.

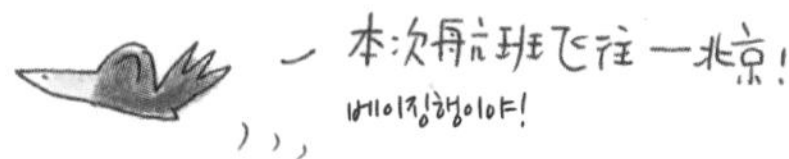

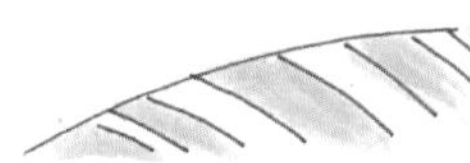

중국인들은 장거리 여행을 떠날 때 대부분 비행기를 선택한다.

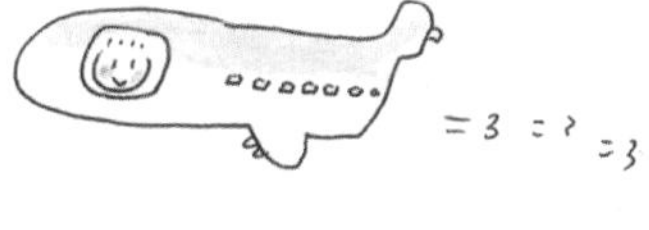

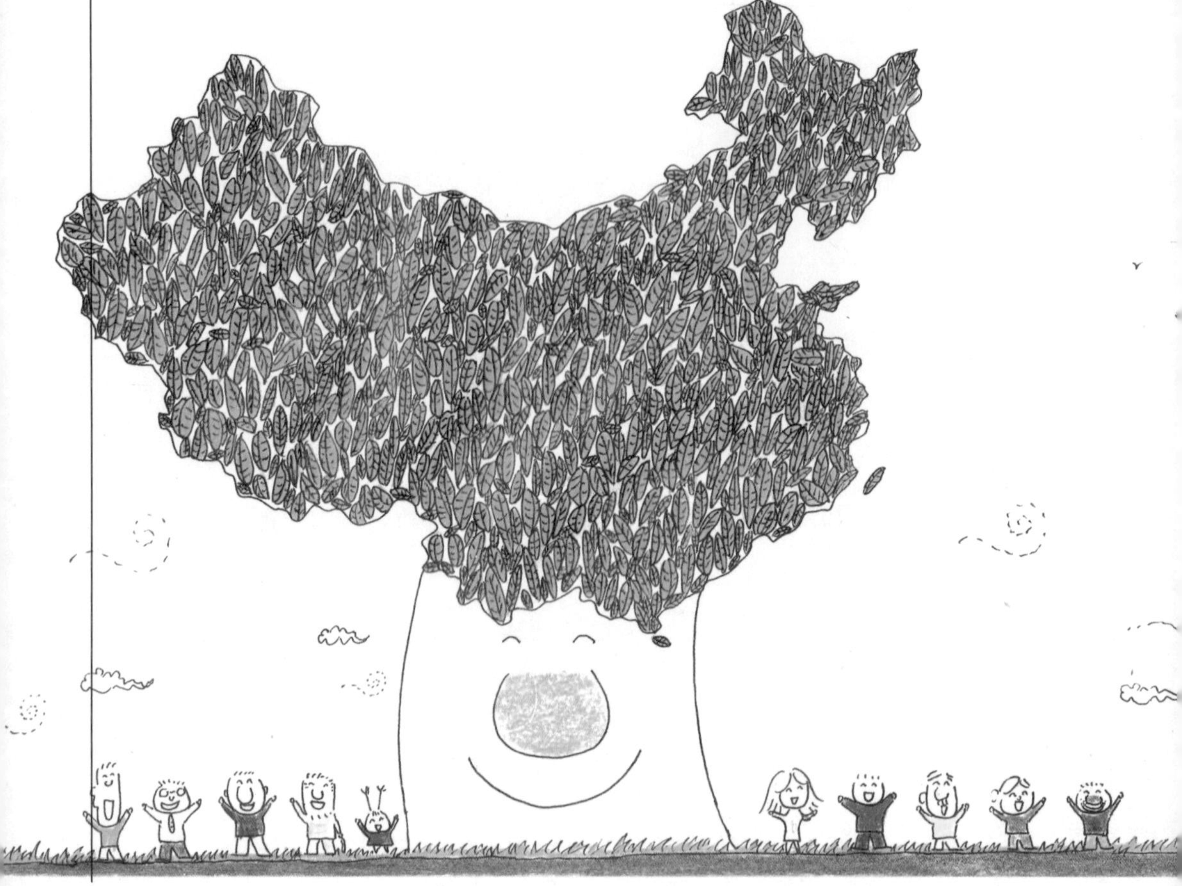

看中國

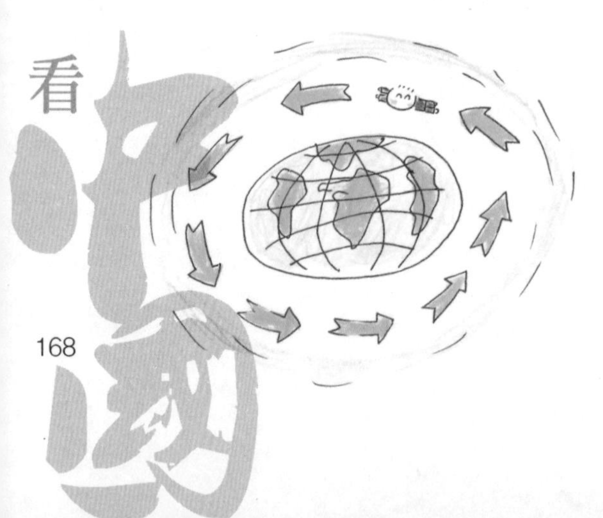

지속 가능하고 안정된 성장

경제 성장의 목적을 달성하고 동시에 인간의 생존을 위해 의지해야 하는 천연 자원과 환경을 보호해야 하는데, 이러한 환경 친화적 개발은 경제 성장 과정에 있는 중국의 중요한 목표 중의 하나이다.

2009년 1월 1일에 중국은 "순환 경제 촉진법(循環經濟促進法)"을 시행했다. 이 법은 폐기물 재활용을 넘어서 자원의 고효율과 경제적인 활용을 강조했다.

중국은 각 지역의 실제 상황에 따라 풍력이나 태양열 발전, 지열 발전, 조력 발전, 생체 에너지 등과 같은 새로운 유형의 에너지 개발을 가속화하고 있다.

새로운 금융 추세

런민비(人民幣)는 중국의 공식 통화로, 런민비의 원칙 단위는 위안(元)이고, 추가 단위로 자오(角)와 펀(分)이 있으며, 라틴어 상징 기호는 "¥"이다. 1999년 새로운 도안의 화폐를 발행했으며, 지폐의 초상은 전부 마오쩌둥이다.

중국 경제가 강해지면서 각 가정 자산의 주요 구성요소인 은행 저축이 주식과 펀드로 점차 대체되었고, 오늘날 중국인들은 채권과 부동산, 보험, 선물 거래, 예술품 수집 등 분산 투자의 방법을 선택하고 있다.

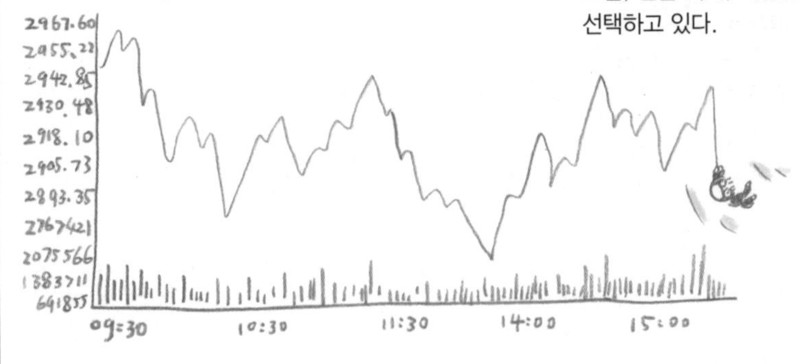

주식은 중국인들의 주요 투자 수단으로, 상하이 증권거래소와 선전 증권거래소는 중국에서 가장 중요한 증권거래소이다.

看中國

최근 몇 년간 부동산 투자는 중국인들에게 뜨거운 관심의 대상이 되고 있으며, 여유 자금이 많아질수록 집값 또한 폭등했다.

보험 또한 중국인들의 주요 투자 수단으로, 현재 중국의 보험 분야가 크게 발전하고 있다.

브랜드의 힘

개혁 • 개방의 30년은 많은 자국 또는 국제적인 브랜드를 만들어서 여러 유명 기업에게 길을 열어주었다.

레노보(聯想, Lenovo)는 개인용 컴퓨터를 생산하는 국제적 선도 기업으로 1984년에 설립하였다. 초기 자본금이 겨우 20만 위안($25,000)에 불과했으나, 개인용 컴퓨터 분야에 최첨단 과학 기술로써 중국에서 가장 큰 IT회사로 성장했다.

하이얼(海爾, Haier)은 29개의 세계적인 제조 기반을 갖고 있으며 냉장고, 에어컨, 세탁기, TV, 온수기를 포함한 19개의 브랜드는 인기 있는 중국 브랜드로 평가받고 있다.

중국이동통신(中國移動通信, China Mobile)은 세계 최대의 영업망과 가입자를 갖고 있다. 현재 시장가치 측면에서 세계 최대의 이동 통신 사업자로, 여덟 번 연속 미국 포춘지(誌)가 뽑은 올해의 세계 500대 기업에 포함되었다.

중국석유화공(中國石油化工, SINOPEC)은 중국의 주요 석유회사 중의 하나로, 오일과 가스 탐사와 거래, 석유류 제품과 화학제품의 생산과 판매에 관여하고 있다.

중국은행(中國銀行, Bank of China)은 시중 은행으로, 국가가 대주주로 되어 있다. 통상과 투자, 보험을 포함한 사업을 하고 있으며, 2008년에 영국 잡지 뱅커(Banker)에 따르면, 세계 1,000대 은행 중에서 10위를 기록했다.

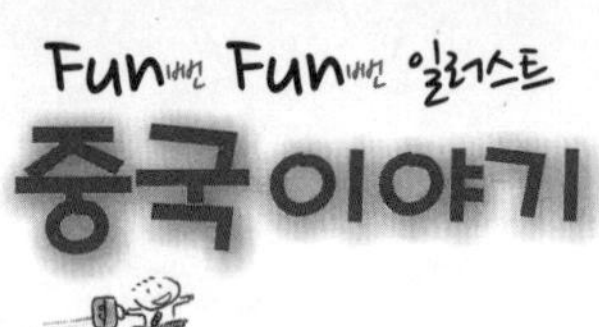

중국국제항공(中國國際航空社, Air China)은 2011년 12월 말 현재 432대의 항공기를 갖고 있으며, 대부분 보잉과 에어버스로 282개 항공 노선에 30개 나라와 지역을 취항하고 있다.

중국인민보험공사(中國人民財産保險股份有限公司, PICC)는 중국에서 가장 큰 손해 보험사로, 미국의 권위 있는 국제 신용평가사인 무디스로부터 현재 안정성은 적당하나 향후 악화될 가능성이 있는(Upper-Medium Grade) A1 단계로 평가받았다.

국가전망공사(國家電網公司, SGCC)는 전력망의 건설과 운영을 주요 업무로 하는 세계 최대 공익 사업 회사이다.

중국에서 가장 오래된 맥주 회사인 칭다오맥주(青島啤酒)는 70여 개 이상의 나라와 지역에 수출한다.

1927년에 창립된 중국 헝위안샹(恒源祥) 그룹은 손꼽히는 직물 기업으로 성장했으며, 현재는 세계 최대 모직 생산업체이다.

Bustling Commercial Streets

중국은 오랜 물질 부족 시대에 작별을 고하고서 지금은 풍족하게 전국 어디에서나 편리하게 쇼핑을 할 수 있다.

하얼빈의 중양다제(中央大街)에는 세계에서 가장 긴 1,450m의 긴 보행자 거리가 있다.

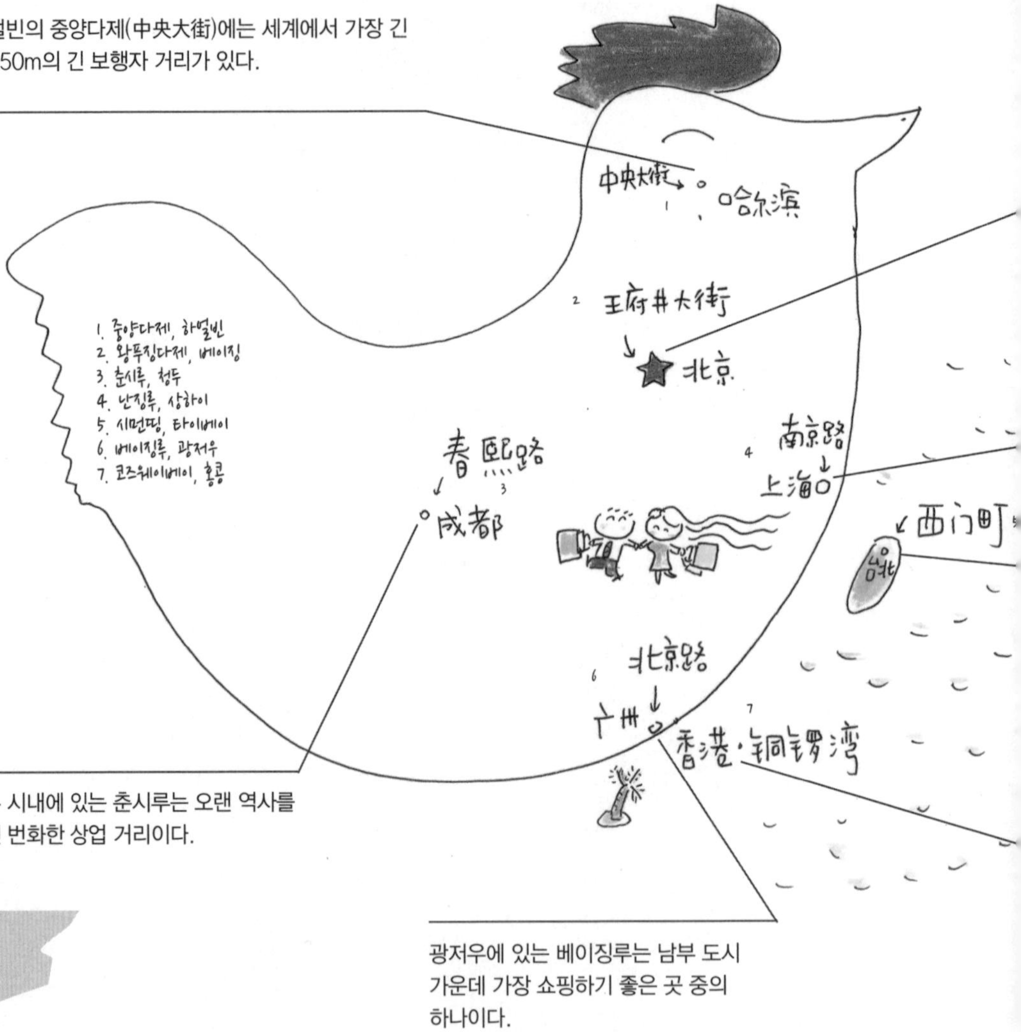

中央大街 哈尔滨

王府井大街 北京

1. 중양다제, 하얼빈
2. 왕푸징다제, 베이징
3. 춘시루, 청두
4. 난징루, 상하이
5. 시먼띵, 타이베이
6. 베이징루, 광저우
7. 코즈웨이베이, 홍콩

南京路 上海

春熙路 成都

西门町 台北

北京路 广州

香港·铜锣湾

청두 시내에 있는 춘시루는 오랜 역사를 가진 번화한 상업 거리이다.

광저우에 있는 베이징루는 남부 도시 가운데 가장 쇼핑하기 좋은 곳 중의 하나이다.

왕푸징 거리는 100년 이상의 역사를 갖고 있으며, 가게들이 줄지어 있는 1km의 거리는 "중국 제일의 거리"로 알려져 있다.

상하이에 있는 난징루는 중국에서 개혁·개방의 상징이자, 또한 세계에서 가장 유명한 상업 거리 중의 하나로, 600여 개의 상점이 있으며 전체 길이가 1km가 넘는다.

시먼띵은 타이베이에서 가장 번화한 쇼핑 지역 중의 하나이다.

홍콩 섬의 북쪽 해안선의 서쪽에 있는 코즈웨이 베이는 쇼핑과 휴양, 요리를 즐길 수 있는 곳이다.

05 교육과 과학의 문화

5,000년 동안, 중국의 발전과 진보는 항상 교육과 과학이 주도해왔다. 공자는 위대한 교육자로 중국 역사를 통해 "만세사표(萬世師表)"로 후세의 깊은 존경을 받고 있으며, "4대 발명"으로 대표되는 중국 고대 과학적 업적은 세계 문명에 큰 이익을 가져다주었다.
중국은 세계에서 정규 교육을 받은 사람이 가장 많은 나라로, 교육의 대중성은 과학적이고 기술적인 진보를 자극했다.
그리고 중국 과학 기술 중의 60% 넘는 분야가 국제적으로 상위 단계에 도달했거나 근접해 있으며, 하이브리드 쌀이나 칭짱 철도, 유인 우주선 선저우 발사, 달 탐사 위성 창어 등과 같은 일부 지속적인 혁신은 주목할만하고, 중국은 세상에 알려지지 않는 것들을 빠른 속도로 개발하고 있다.

중국의 고대 교육

중국의 고대 교육은 공교육과 사교육으로 나누어진다.

공교육은 중앙 정부나 지방 정부가 주도했으며, 최고 수준의 공교육 기관으로 "태학(太學)"(최고의 가르침 또는 배움)과 "국자감(國子監)"(황실 학교)이 있었다.

고대 사립 교육은 춘추 시대부터 시작되었으며, 공자에 의해 운영된 사립학교가 가장 크고 후대에 까지 영향을 끼쳤다. 공자는 중국 고대의 가장 유명한 교육자로 3,000명의 제자와 덕이 있는 제자 72명이 있었고, 다양한 분야의 인재를 양성했다.

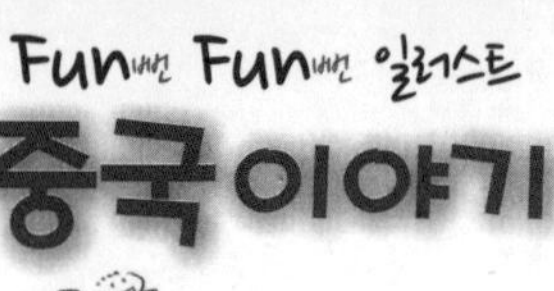

서원(書院)은 책을 소장하고 학문을 가르치며 연구하던 고등 교육 기관으로, 대부분 스스로 기금을 모아서 건립했다. 한 선생님이 여러 명을 교육하는 방식과 스스로 공부하는 방식이 있었으며, 원칙적으로는 스스로 공부하는 방법에 중점을 두었다.

고대 중국의 통치자들은 그들의 통치를 공고히 하기 위해 관리를 선발하는 제도를 만들었다. 과거 시험은 수나라 양제(煬帝, 604년~618년) 때 시작되었으며, 과거 시험에 정해진 과목에 따라 정부 관리를 채용하는 데 목적이 있었다. 지원자들은 각기 다른 학과에서 시험을 거쳐 선발되었고, 이 과거 시험 제도는 중국 역사에서 1,300년 이상 지속되었다.

현대 교육

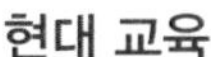

9월 10일은 중국의 "라오스제(老師節, 스승의 날)"로, 학생들은 선생님에게 카드와 꽃을 선물하여 감사를 표시한다.

중국은 초등학교부터 중학교까지 9년간 의무 교육을 실시하고 있다. 취학 이전의 교육은 유치원과 또 다른 형식이 있으며, 의무적인 학교 교육을 마친 뒤의 교육으로는 보통 고등학교, 전문 중등학교와 전문대학과 그 이상의 고등 교육을 포함하고 있고, 또 다양한 형태의 평생 교육이 있다.

"전국 통일 고시(대학 입학 국가 고시)"는 대학에 입학하고자 하는 고등학생들이 치루는 전국적인 시험으로, 우리나라의 수능 시험과 비슷하다.

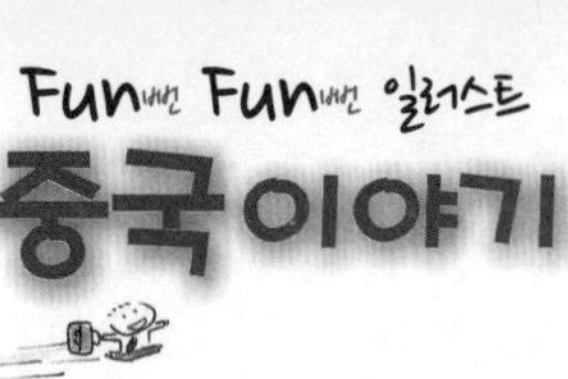

오늘날 중국에서는 고등 교육이 점차 대중화되고 있다. 중국의 고등 교육 기관은 일반적으로 정규 대학과 전문적인 훈련을 위한 전문대학으로 나눌 수 있으며, 베이징대학(北京大學)과 칭화대학(清華大學)은 중국에서 최고의 대학으로 알려져 있다.

최근 몇 년 동안 대학 졸업장을 가진 사람들이 증가하고 있으며, 특히 석사 학위 또는 그 이상의 학위를 받은 사람도 늘고 있다.

평생 교육은 시대적 흐름이 되었고, 점점 많은 사람이 퇴근한 뒤에 다양한 연수 과정을 이수하고 있다.

중국 정부는 저소득층 가정의 학생들에게 좀 더 많은 교육의 기회를 보장해주기 위해 장학금이나 체험 학습 프로그램, 보조금 등을 포함해서 수험료 삭감 또는 면제, 정부 대출을 추진하고 있다.

새로운 사립학교는 사람들의 교육에 관한 다양한 요구를 만족시켜서 발전 • 성공하고 있다.

빈곤 학생들의 교육에 대한 접근 보장

1989년에 처음 시작된 "희망프로젝트(希望工程)"는 국가와 일반 대중이 기금을 모아 초등학교를 세우거나 극빈 지역의 교육 환경을 개선하는 사업이다.

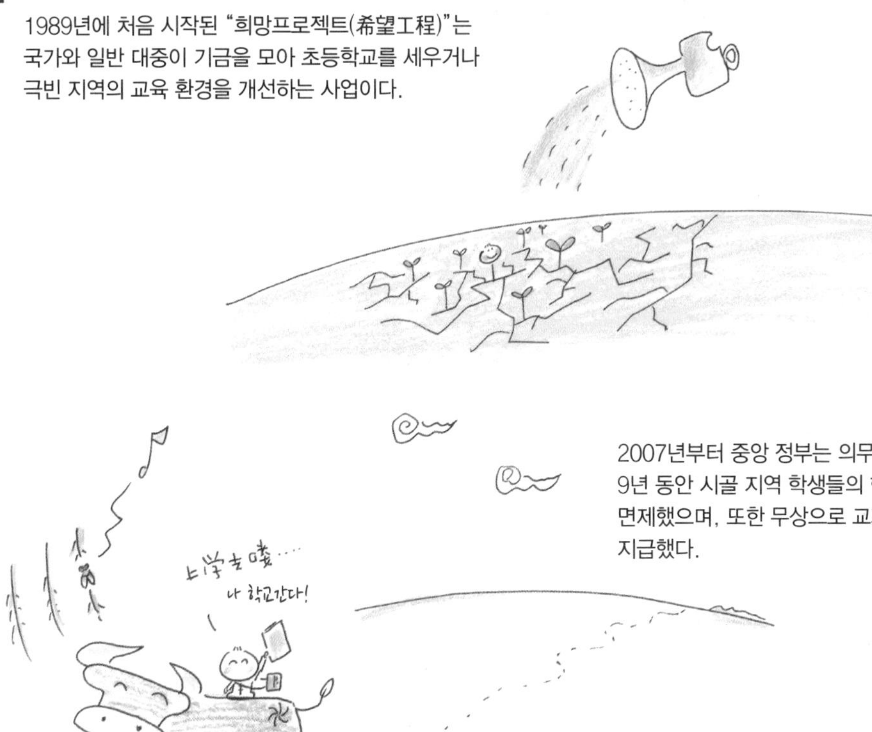

2007년부터 중앙 정부는 의무 교육 9년 동안 시골 지역 학생들의 학비를 면제했으며, 또한 무상으로 교재를 지급했다.

컴퓨터실을 갖춘 중서부 시골 지역 중학교는 최신 방송 교육 계획이 효과적으로 실시되고 있다. 뿐만 아니라 위성 중계 기술 프로그램과 DVD 장비, 완벽한 교육세트가 시골 초등학교에 설치되었으며, 중앙농업방송TV학교(中央農業播視電視學校)는 시골 지역을 위한 세계 최대의 원격 교육 기관으로 성장하여 농민들에게 실용적인 기술을 훈련시키고 있다.

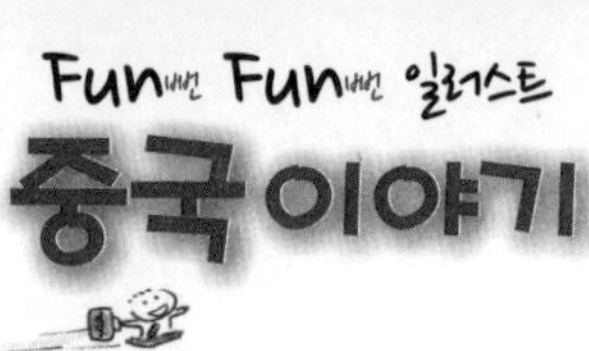

외국 유학생과 "중국어 열풍"

중국은 세계의 다른 나라들과 교육 분야에 활발한 협력과 교류를 하고 있다. 세계 어느 나라도 중국만큼 많은 사람이 외국에 나가서 공부하는 나라는 없으며, 세계 어디를 가든지 쉽게 중국 학생들을 발견할 수 있다.

2011년 194개국 29만 명이 넘는 외국 유학생이 학업이나 학술 교류로 약 600개에 가까운 중국의 대학이나 연구소를 방문한다.

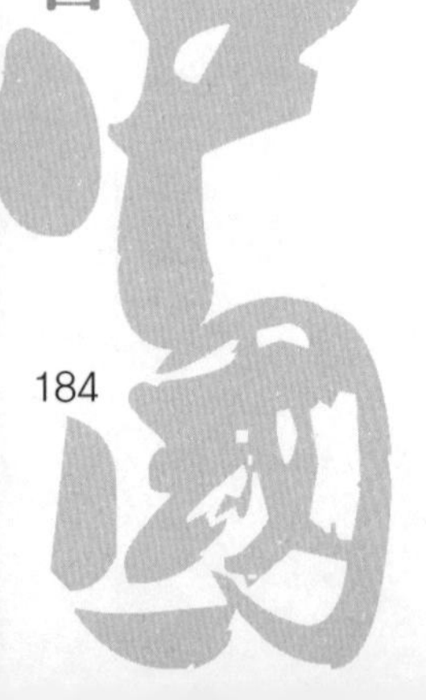

최근 많은 나라에서는 "중국어 열풍"이 불고 있으며, 전 세계 4,000만 명 이상의 외국인들이 중국어를 배우고 있다. 2011년 현재 중국은 105개 국가와 지역에 350개 공자학원(孔子學院)과 500개 공자학당을 설립하여 중국어와 중국 문화를 전파하고 있다.

네 가지 위대한 발명

화약: 화약은 중국 도인들이 죽지 않는 "불로장생의 약"을 만드는 실험을 하다가 우연히 발명했다. 진나라와 한나라(기원전 221년~220년) 때 그러한 알약을 만든 도교의 연금술사는 우발적인 폭발에 영감을 얻었고, 수많은 실험을 거친 뒤에 유황과 초석(질산칼륨), 숯을 적당히 혼합한 화약의 제조법을 발견하게 되었다.

활판 인쇄술: 인쇄술이 발명되기 전, 문화적 소통은 손으로 베껴 쓴 책을 통해 이루어졌다. 북송 시기(960년~1127년) 필승(畢昇)이라는 사람이 목판 인쇄 기술에 기초하여 점토와 아교를 섞은 뒤에 구워서 활판 인쇄술을 발명했다.

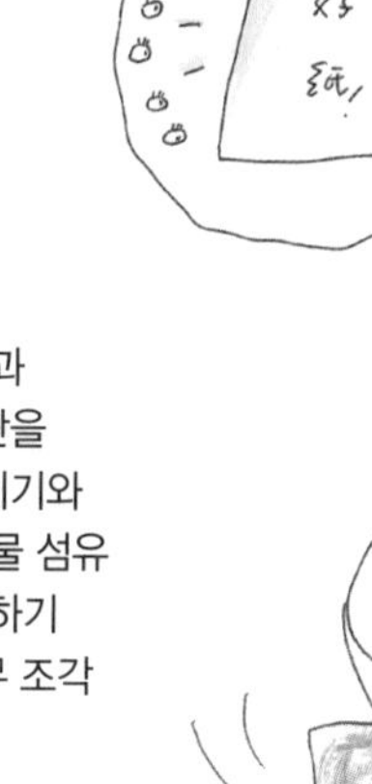

종이(제지술): 동한(25년~220년) 때 채륜(蔡倫)은 궁중의 어용(御用) 기물과 수공업 공장을 관리하면서 이전에 비단을 만드는 기술에 기초하여 생사나무 껍데기와 낡은 천, 고기그물, 삼 등을 재료로 식물 섬유 종이를 발명했다. 채륜이 종이를 발명하기 전에는 사람들은 대나무 조각이나 나무 조각 아니면 비단에 글씨를 썼다.

나침반: 나침반에 관한 기록이 처음 보이는 것은 전국시대(기원전 475년~기원전 221년)에 사용되었던 사남(司南)으로, 천연 자석을 국자 모양으로 만든 것을 "사남의 국자"라고도 불렀으며, 청동으로 만든 네모진 판 위에 두면 그것이 가만히 있거나 자유롭게 도는데, 멈추게 되면 그 머리가 남쪽을 향한다.

고대 건축물의 찬란함

중국의 건축물은 고대 과학과 문화의 주요 구성요소로서, 유서 깊은 역사와 놀라운 업적을 갖고 있다.

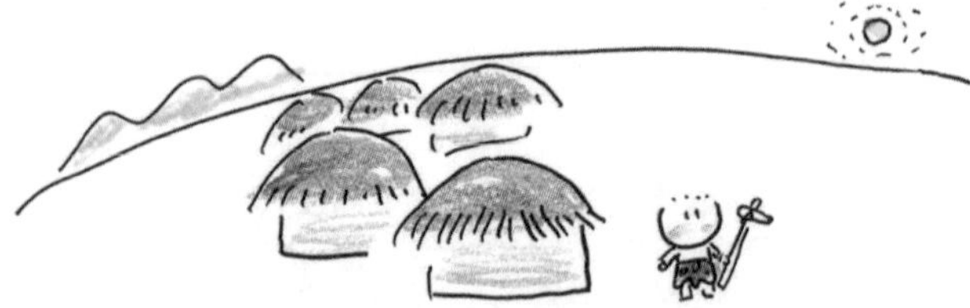

6,000년~7,000년의 역사를 가진 정사각형과 둥근 모양으로 지어진 얕은 반 움집이 산시의 반포 유적(半坡遺蹟)에서 발굴되었다. 대부분 50~80cm 가량 땅을 파서 지었으며, 안쪽의 계단이 문과 이어져 있다.

만리장성은 세계 건축사에 놀랄만한 사건으로, 복잡하고 다양한 지형을 따라 지어진 독특한 건축 구조는 고대 건축사에서 참으로 경이적으로 만들어졌다.

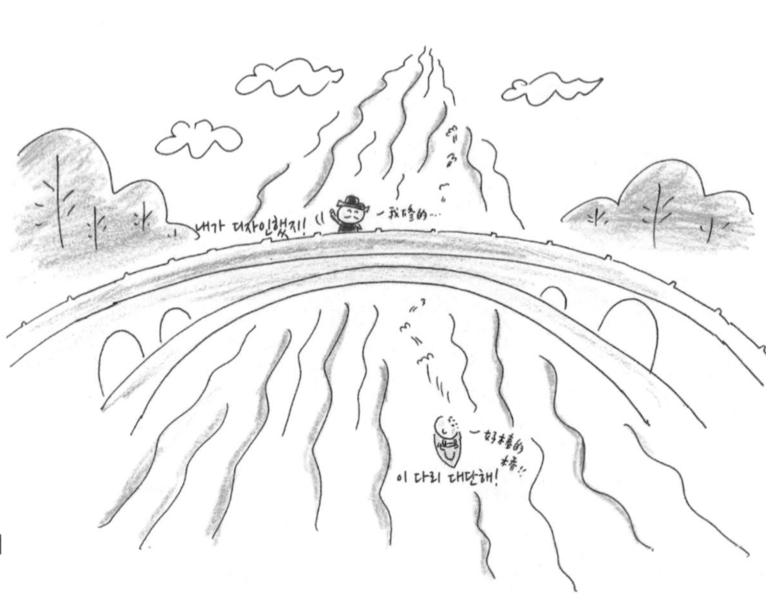

허베이성에 있는 자오저우차오(趙州橋)는 수나라(581년~618년) 때 만들어진 세계에서 가장 잘 보존되고 오래된 석재 구조 아치형 다리로, 주요 아치의 양쪽 면에 두 개의 작은 아치가 있다. 이 양쪽 아치의 기능은 더 많은 물이 흘러 지나가도록 하고, 다리의 전체 무게를 줄이고 안정성을 증가시키는 데 있다.

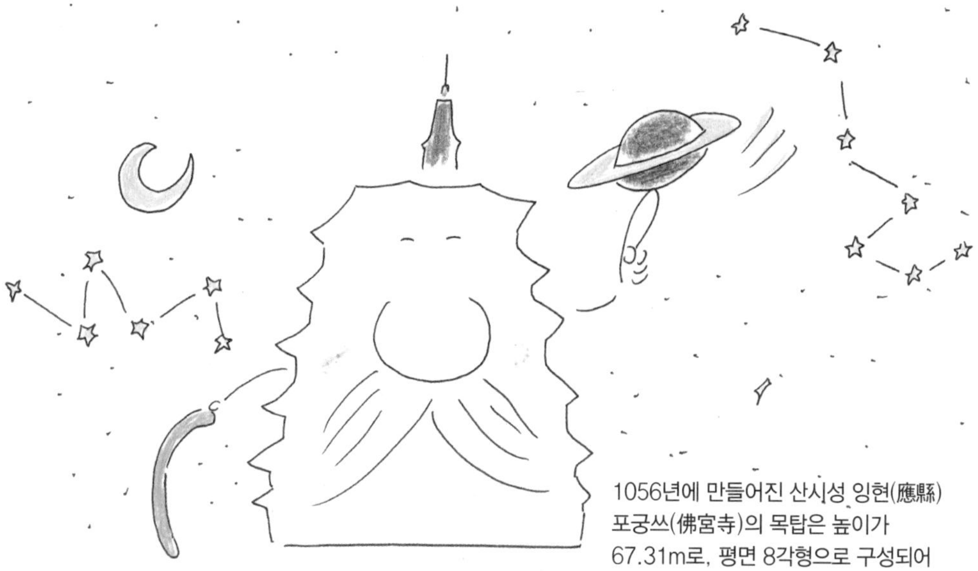

1056년에 만들어진 산시성 잉현(應縣) 포궁쓰(佛宮寺)의 목탑은 높이가 67.31m로, 평면 8각형으로 구성되어 있으며, 제일 하단부의 직경이 30.27m나 된다. 지금까지 중국에 남아 있는 순수 목재로 구성된 단일 건축물 중에서 가장 높고 오래되었을 뿐만 아니라, 세계에 남아 있는 최고 높이의 목조 건축물이다.

명과 청나라 때 궁궐로, 500년 이상 권력의 중심지였던 자금성은 목조 건축물이고, 유약을 칠한 노란색 기와지붕에 대리석 테라스, 화려한 채색의 장식으로 되어 있다. 자금성은 직사각형의 형태로 높이 12m, 길이 3,400m의 성벽으로 둘러싸여 있으며, 성벽을 에워싸고 있는 해자의 너비는 52m, 깊이는 6m에 이른다.

쑤저우 전통 정원은 꾸밈없이 상쾌한 "도시 속의 숲"이다. 정원의 경치는 매우 다양하여, 흐르는 강물 위로 다리가 있고, 분홍색 담 꼭대기에 있는 푸른 기와, 구불구불한 작은 길이 호젓한 곳으로 이끌고….

전통 중국 의학의 미스터리

전통 중국 의학(TCM, 中醫)은 원시 사회에서 비롯되었다. 중의의 이론에 따르면 인간의 몸은 기(氣)와 몸(形), 정신(神)으로 이루어져 있다고 한다. 네 가지 진단 방법—관찰(望診, 환자의 안색, 표정, 움직임, 말 등), 청진과 후각, 식욕 · 수면 · 대소변 · 각종 통증 등 여러 가지에 대해 질문하는 문진(問診), 신체를 만져서 정보를 얻는 절진(切診)—과 약초로 만든 약과 침술, 뜸질, 중국 마사지, 부항, 치궁(氣功), 중국 음식 요법 등과 같은 치료 방법을 사용하며, 인간 몸의 음과 양이 균형을 이루도록 도와주어 환자의 건강이 회복되도록 한다.

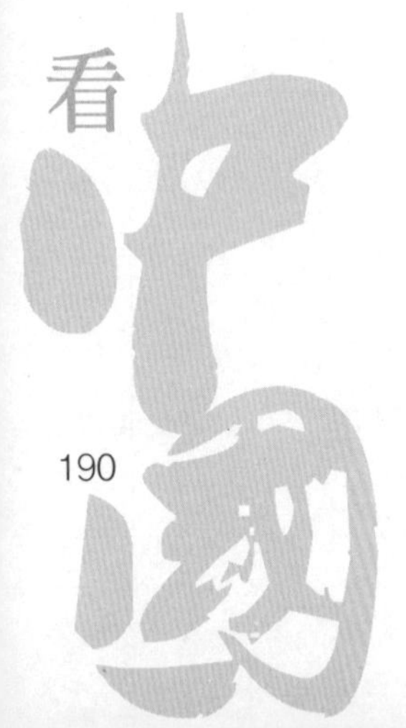

중약(中藥)은 일반적으로 모든 전통적인 중국 약초 치료약을 말한다. 1590년에 명나라의 이시진(李時珍)이 지은 《본초강목(本草綱目)》은 16세기 이전의 전통 중국 의학을 포괄적으로 요약한 저작으로, "중국 의학의 불멸의 작품"으로 평가받는다. 8,000 종류에 달하는 전통 중국 약이 들어있는데, 대부분 식물과 동물들이다.

침술과 뜸질은 중국의 독특한 치료 기술이다. 침술은 실 모양의 가는 바늘을 몸의 특정한 지점에 꽂고 자극하여 질병을 치료하는 기술이다. 뜸질은 뜸쑥을 태워 신체의 부위를 따뜻하게 하고, 열로써 다양한 질병을 자극하여 치료하는 방법이다.

Fun뻔 Fun뻔 일러스트

중국 이야기

풍부한 도자기 작품

도자기는 보통 자기와 도기를 총칭하며, 점토나 점토 혼합물로 빚어서 구운 뒤에 만든다. 자기는 도기 제조 기술이 크게 발전하기 전까지 생산되지 않았다. 도기와 비교하면 자기는 더 높은 열을 요구하며, 가볍게 두드리면 더 깨끗한 소리가 난다. 자기 제품의 표면은 반투명으로, 할퀴어 상처를 내거나 심지어 칼로 자국을 내기 어렵다.

청화(青華) 또는 청화자기는 백자는 전통 중국 도자기 중에서 유명하다. 투명한 물처럼 윤기가 나고 얇고 가벼운 몸체와 하얀 표면에 푸른 무늬가 특색으로, 실크로드를 따라 지중해 지역까지 팔려갔다.

어떻게 자기를 만들까?

2. 粉碎磨细瓷石瓷土

3. 陶洗澄淀细瓷粉

4. 制作瓷坯

6. 均匀上釉

7. 入窑烧成

1. 자석(瓷石)과 자토(瓷土)를 채집
2. 자석과 자토를 가늘게 분쇄
3. 가는 가루를 채로 가려냄
4. 몸체 제작
5. 그림을 그려 장식
6. 고르게 유약을 바름
7. 가마에 넣고 딱딱할 때까지 굽기

징더전(景德鎭)은 중국뿐 아니라 세계 "도자기의 수도"로, 1,000년이 넘는 도자기 생산 역사를 갖고 있으며, 이곳에서 생산되는 자기 제품은 더 없이 아름답다. "마치 백옥처럼 하얗고, 거울처럼 밝으며, 종이처럼 얇고, 고대의 경(磬)처럼 소리가 아름답다." "청화(青花)·영롱(玲瓏)·분채(粉彩)·색유(色釉)"가 징더전 자기의 전통적인 네 가지 스타일이다.

看

실크의 고향

실크는 누에고치로부터 얻은 아름다운 천 섬유로, 중국은 처음 누에를 기른 나라이다. 고치에서 명주실을 자아내고, 그것으로 아름다운 천과 제품을 만들었다. 장쑤성의 쑤저우와 저장성의 항저우는 오랫동안 "실크의 고향"으로 알려져왔다.

누에고치에서 실을 뽑은 실크는 천연 섬유로, 다른 섬유나 합성 섬유와 비교했을 때 뛰어난 품질을 갖고 있다. 실크천은 염색한 뒤에 높은 품질의 옷이나 또한 집안을 꾸밀 때 사용되는 수공예품으로 만들어져, 외국 구매자들에게는 "미의 원천"으로 여겨진다.

서한 때(기원전 206년~기원후 25년) 실크 무역이 번창했으며, 그 무역길이 유명한 "실크로드"가 되었다. 이 역사적인 길은 창안(長安, 오늘의 시안)에서 시작하여, 중앙아시아와 서부아시아를 거쳐 최종적으로 유럽까지 이르렀으며, 희귀한 동물과 새, 식물, 가죽제품, 약, 향신료, 보석 등이 중국으로 수입되었다.

하늘과 달로 날아가다

중국 사람들에게 페이텐(飛天, 나는 압사라)은 신구 두 가지 개념을 담고 있다. 고대부터 페이텐은 간쑤성에 있는 둔황 모가오 석굴의 상징으로, 둔황 예술의 심벌이었다. 오늘날 페이텐은 중국 서부의 간쑤성에 있는 주취앤(酒泉) 위성발사 센터에서 유인 우주선 선저우(神舟) 5호가 발사된 것에서 유래하였다.

2003년 10월 15일, 유인 우주선 선저우 5호의 성공적인 발사는 하늘을 날고자 했던 중화 민족의 오랜 꿈을 실현시켰으며, 우주 비행사 양리웨이(楊利偉)는 "중국 최초의 우주인"으로 환영을 받았다.

2005년 10월 12일, 두 명의 우주 비행사를 태운 유인 우주선 선저우 6호가 발사되어 궤도에서 115.5시간 동안 비행했다.

2008년 9월 25일, 3명의 우주인을 태운 선저우 7호가 발사되었고, 9월 27일 자이즈강(翟志剛)이 궤도 모듈에서 빠져나와 17분 정도 우주 유영에 성공하여 중국의 첫 우주선 밖의 활동(EVA, extravehicular activity)을 했다. 이로써 중국은 세계에서 세 번째로 독자적인 기술로 우주 유영에 성공한 국가가 되었다.

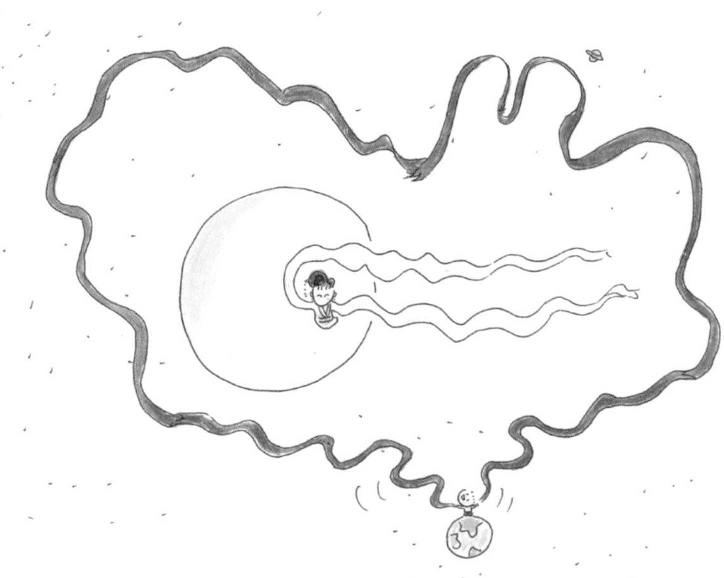

2007년 10월 24일 중국은 중국 최초 달 탐사선 "창어(嫦娥) 1호"를 성공적으로 쏘아 올려 이 분야에서 세계에서 다섯 번째로 성공한 국가가 되었다. 2009년 3월 1일, "창어 1호"를 달 표면에 충돌시키는 실험을 하고서 중국의 달 탐사 계획의 첫 단계를 성공적으로 끝냈으며, 두 번째 달 탐사 위성인 "창어 2호"가 2010년 10월 1일에 성공적으로 발사되었다.

눈 덮인 고원으로 가는 철도

칭짱고원은 "지구의 세 번째 극지"라고 불리며, 세계에서 높은 고도와 낮은 기압, 산소 결핍, 강한 자외선 복사로 유명하다. 게다가 그곳은 일 년 내내 눈으로 덮여 있으며, 기후 변동이 매우 심한 것이 특징이다. 미국의 철도 여행가 폴 써로우(Paul Theroux)가 쓴 《중국 여행기 *Riding The Iron Rooster*》라는 책에서 "쿤룬산맥 때문에 철도는 절대 라싸까지 파고들 수 없다"라고 말했다.

칭짱 철도는 칭하이성(青海省)의 성도인 시닝과 티베트의 라싸를 연결하는 1,956km의 기찻길로 2006년에 완공 개통되었고, 세계에서 가장 높은 고원을 가로질러 뻗어 있어서 "티엔루(天路, 하늘의 길)"라고도 부른다.

철도 통과 구간의 푸른 하늘과 깨끗한 물, 희귀 동물을 보호하기 위해 중국 정부는 이 철도 프로젝트 총 투자금의 8%에 해당하는 20억 위안을 추가로 투입하였다. 예를 들면 국가급 자연 보호 구역인 커커시리(可可西里)에 있는 칭쉐이허(淸水河) 다리는 티베트 영양과 같은 야생 동물의 이동을 위해 특별히 만들어졌다.

싼샤댐 프로젝트

양쯔강의 홍수 조절을 목적으로 만들어진 싼샤댐은 시링샤(西陵峽)—강의 세 계곡(취탕샤瞿塘峽·우샤巫峽를 포함) 중 하나—의 중간에 위치해 있고, 현재까지 세계에서 가장 큰 수력 전기시설 프로젝트로 알려져 있다. 싼샤댐 건설 사업이 본격적으로 시작한 것은 1992년부터로 17년 동안 공사하여 2009년에 완공했다.

이렇게 만들어진 거대한 싼샤댐 저수지는 상류로부터의 큰물을 막을 수 있어서 양쯔강의 중간 유역에 있는 징장(荆江) 제방의 홍수 조절 능력을 크게 향상시켰다.

싼샤댐이 물을 저장하게 되면서 많은 아름다운 경관이 물 속으로 사라진 반면에, 싼샤 지역에는 새로운 볼거리가 생겨났다. 650km의 긴 저수지를 따라서 형성된 37개의 골짜기와 급류 타기에 알맞은 코스, 15개의 종유굴, 11개의 호수, 14개의 섬이 있다.

06

새롭게 변화하는 중국

경제와 문화, 기술을 포함한 각 방면의 급속한 발전으로 인해 21세기에 중국은 세계의 주목을 받고 있다. 중국은 끊임없이 변화하는 만화경(萬華鏡)과 같으며, 중국인들의 생활은 점차 다양해지고 있다. 특히 디지털 기술들은 그들에게 무한한 즐거움을 가져다주었다.

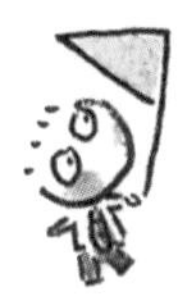

의(衣)—개성과 유행

오늘날 베이징이나 상하이, 광저우와 같은 대도시나 작은 도시를 막론하고, 사람들은 각자 자신이 선택한 다양한 색상의 새로운 스타일의 옷을 입고 자신의 개성과 패션 감각을 보여주고 있다.

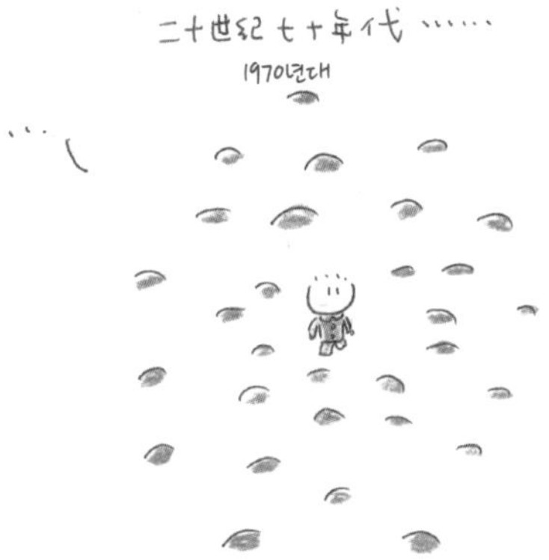
二十世紀七十年代……
1970년대

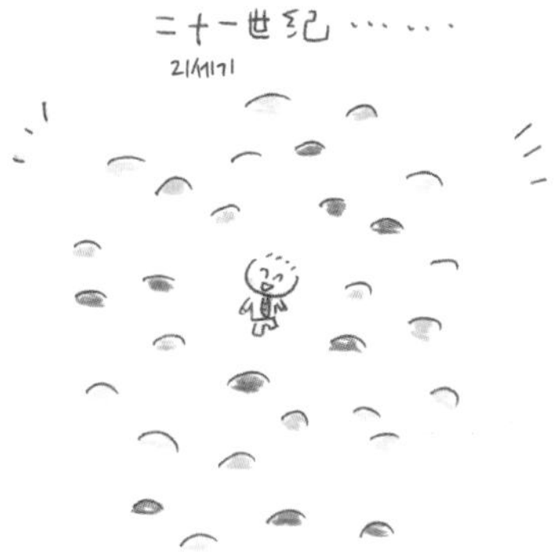
二十一世紀……
21세기

중국 여성들은 그들 자신이 좋아하는 스타일의 의상을 갖고 있고, "다양한 모습의 소녀"로 변신할 수 있으며, 장소에 따라 다른 스타일의 옷을 입는다. 중국 남자들은 캐주얼한 복장에서 유행을 선도하는 전위 장르의 옷까지 다양하게 입는다.

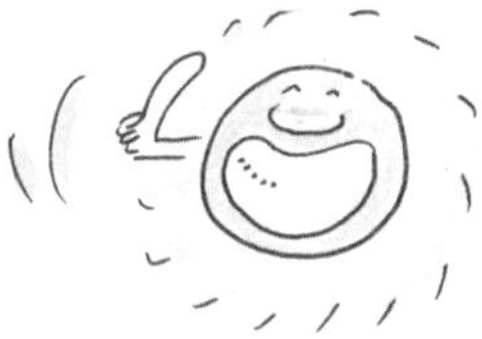

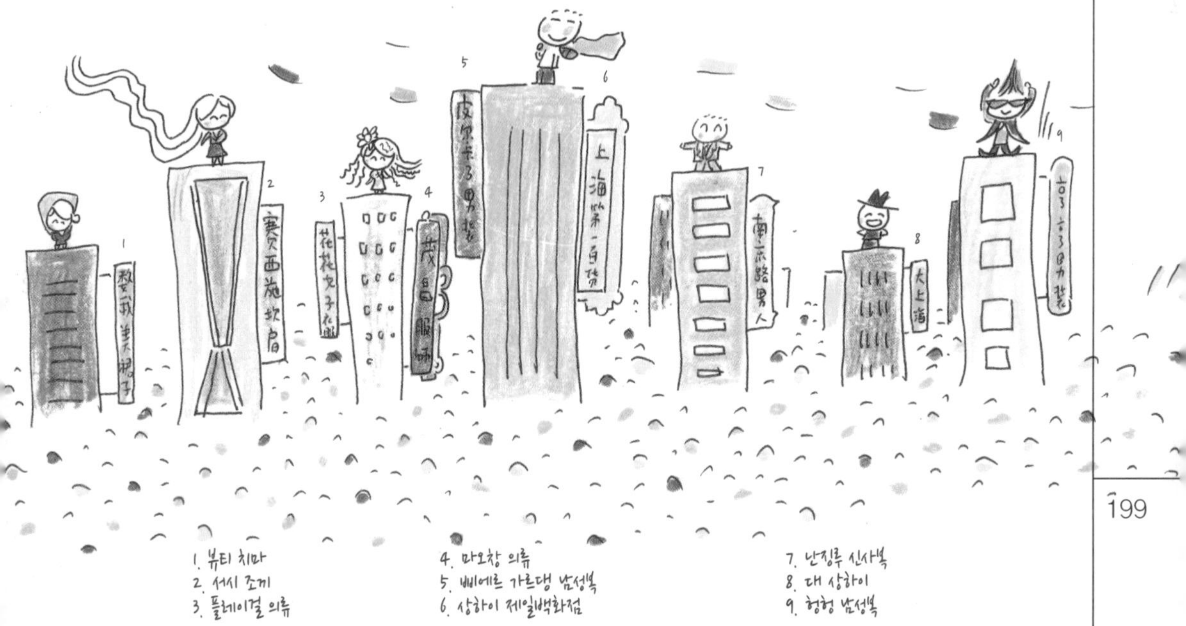
上海第一百货
南京路男人
大上海
1. 뷰티 치마
2. 서시 조끼
3. 플레이걸 의류
4. 마오창 의류
5. 삐에르 가르댕 남성복
6. 상하이 제일백화점
7. 난징루 신사복
8. 대 상하이
9. 헝헝 남성복

오늘날 중국에서는 대부분의 세계적인 유명 브랜드를 구입할 수 있으며, 동시에 중국 디자이너 브랜드도 날이 갈수록 성장하고 있다. 특히 전통적인 동양적 요소를 특색으로 삼는 브랜드가 중국의 의류 시장에서 차별화되고 있다.

중국의 의류 소비자는 다음 몇 가지로 나눌 수 있다. 우선 럭셔리한 브랜드를 추구하는 최고급 소비자로, 그들은 항상 고급 수준의 쇼핑센터에서 쇼핑을 한다. 그 다음은 보다 일반적인 브랜드를 구입하는 소비자로, 대다수가 여기에 해당된다. 또 일부 독특한 특징이 있는 옷을 찾는 소비자가 있는데, 그들은 브랜드 대신에 스타일이나 새로운 패션 경향에 더 신경을 써서 항상 길거리에 있는 다양한 부티크에서 개성이 강한 옷을 고른다.

식(食)

중국인들에게 식사는 중요한 사교 수단이다. 그들이 어떤 음식을 먹고서 감동하는지 알고 싶다면 한 마디로 "전 세계의 모든 맛있는 음식"이다. 중국에서는 여러 가지 소수 민족의 맛있는 음식 이외에도, 다양한 종류의 이국적인 외국 음식을 맛볼 수 있다.

중국인들은 만두를 어떻게 만들까?

Fun뻔 Fun뻔 일러스트

중국 이야기

과거 중국인들에게 최대 행복은 명절 때 고기와 생선을 먹는 것이었다. 왜냐하면 당시에 고기와 생선, 계란은 모두 사치품이었기 때문이다. 그렇지만 오늘날 대부분의 중국인들은 건강한 식생활을 추구하여 야채가 새로운 식탁 위에서 사랑을 받게 되었으며, 심지어 어떤 사람들은 고기 요리보다도 식용 산나물을 더 좋아하기도 한다.

중국에서는 마실 거리에서 더욱 선택의 여지가 많다. 알코올 음료의 발상지이기도 한 중국에서는 명절이나 모임에서 어른들이 항상 술을 즐겨 마신다.

또한 다양한 국내외 상표의 음료수를 선택할 수 있다.

오늘날 중국인들에게 슈퍼마켓은 중요한 음식 공급처이지만, 신선한 야채를 구입하기 위해서 여전히 주택가에 위치한 농산물 재래 시장을 찾는다.

지방마다 다른 다양한 조리법은 중국을 요리의 천국으로 만들었다. 자주 언급되는 중국의 "8대 유명 요리"로는 산둥과 쓰촨 • 광둥 • 푸젠 • 장쑤 • 저장 • 후난 • 안후이 요리가 있다.

중국의 도시와 거리, 골목에는 세계 각국의 요리를 맛볼 수 있는 전문 식당들로 가득 차 있다.

1. 루주[卤煮] 오향간장 삶음
2. 바오쯔[包子] 고기만두
3. 란저우 라면
4. 자장몐[炸酱麵] 자장면
5. 자샹창[炸香腸] 중국식 순대튀김
6. 소내장 수육
7. 양꼬치
8. 연잎 밥
9. 삶은 양머리

전통 먹거리 샤오츠(小吃)는 중국인들에게 인기가 높다. 중국 북부는 밀가루로 만든 샤오츠가 유명하고, 남부의 샤오츠는 보기만 해도 군침이 돌 정도로 아름답다. 베이징의 왕푸징 샤오츠지에와 둥화먼 야시장은 항상 다양한 전통 먹거리를 찾는 여행객들로 붐빈다.

주(住)

재미있는 이야기가 있다. 중국인과 미국인 할머니가 있었는데, 죽어서 천국에서 만났다고 한다. 중국인 할머니가 자신은 평생 저축을 해서 죽기 전에 겨우 집을 장만해서 살만하니까 죽었다고 말하자, 미국인 할머니는 30년 전에 담보 대출로 집을 샀다가 평생 걸려 빚을 청산했는 데 죽었다고 했다. 이 이야기는 중국인들 사이에 널리 알려진 이야기로 동서양의 다른 소비 습관을 잘 말해주고 있지만, 오늘날 중국에서는 담보 대출을 통해 집을 사는 것이 매우 흔한 일이 되었다.

상업적인 주택 개발은 점점 더 꼼꼼하게—푸른 공간과 지원 시설, 문화적 환경, 교통—여러 가지 상황을 고려하고 있으며, 이러한 조건들은 중국인들이 집을 선택하는 데 중요한 요소이다.

과거에는 고용주가 사람들에게 무료로 주택을 제공했지만, 지금은 사람들이 직접 주택 시장에서 자신의 집을 구입해야 한다. 따라서 경제적으로 감당할 수 있는 정부 보조금 지급 주택을 구입하는 것 이외에도, 자신의 집을 사고 싶어하는 사람들은 은행으로부터 대부를 신청할 수 있으며, 도시 저소득층이나 중하위층 서민을 위해 정부가 내놓은 저가형 주택을 이용할 수도 있다.

대도시에서는 집을 임대하려는 사람들의 수요가 증가하고 있는데, 세입자들 가운데 새로운 대학 졸업자들이 많고, 또 직장 때문에 중국 현지에서 거주하는 외국인들도 있다.

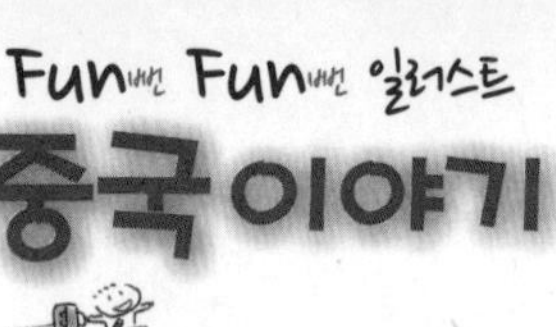

도시에 살고 있던 사람들 중에서 교외의 주택으로 옮겨가는 이들이 늘고 있으며, 이동의 편의를 위해 자가용을 구입하는 사람들도 많아지고 있다. 그런데 베이징의 역사와 문화를 구현하면서 베이징 시내에 있는 전통 가옥인 쓰허위안은 상대적으로 가격이 폭등했다.

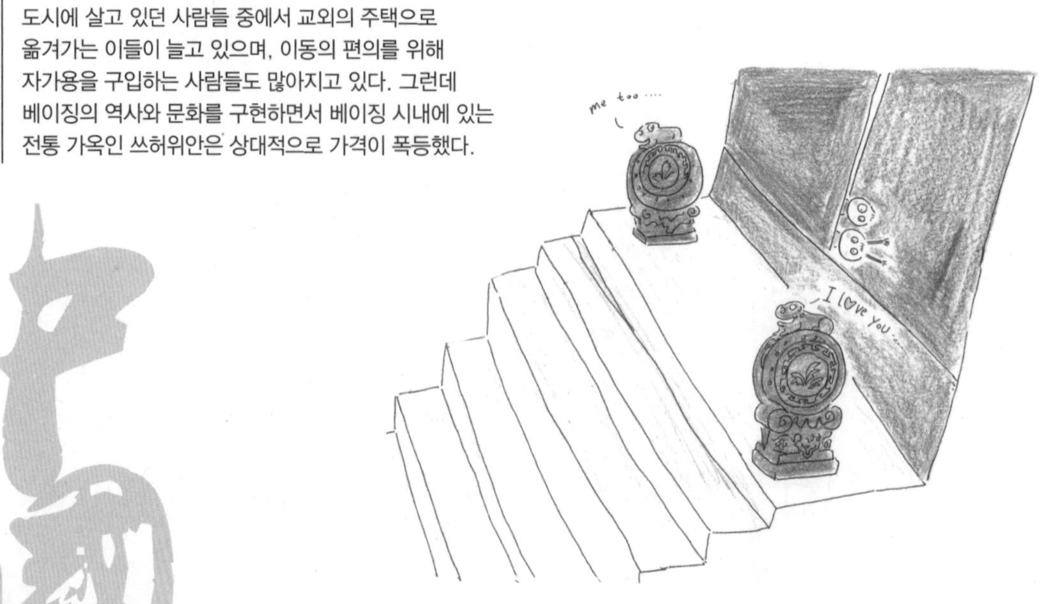

看中國

디지털 생활—"네트워크"의 "포로가 되다"

중국은 외진 시골마을까지 인터넷이 연결되어 이미 디지털 정보 시대에 성큼 들어섰다.

"네트워크에 종속된 삶"은 현대를 살아가는 중국인들의 일상이 되었으며 오락과 통신, 업무, 생활을 인터넷에 크게 의존하고 있다.

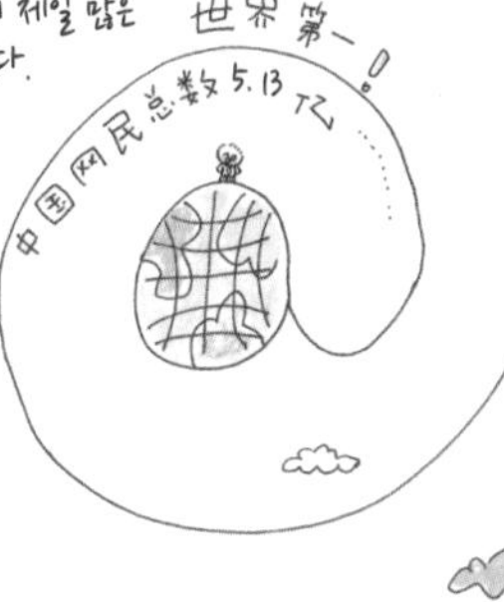

2011년 12말 기준, 중국의 네티즌 수는 5억1,300만 명으로 세계 1위를 기록했다.

중국의 PC 시장에서 데스크톱이 점진적으로 노트북으로 대체되고 있다.

인터넷은 중국 사람들의 소통에서 중요한 채널이 되었으며, "인터넷 친구"가 자신들의 실제 삶에서 중요한 부분이 되었다. 온라인 채팅과 이메일은 생활과 업무 중 다양한 상황에서 광범위하게 사용된다.

사람들은 또한 게시판 시스템(BBS)과 온라인 커뮤니티(online communities)를 통해 연락할 수 있는데, 게시판 시스템을 통해 무료로 편지를 보내고 회신하며, 사이버 공간에서 멀리 떨어져 있는 낯선 사람과도 즐겁게 잡담을 할 수 있다.

중국에서 블로그(blog) 활동 또한 개인 미디어의 성숙한 형태로 성장했다. 통계에 따르면 중국 블로거의 전체 수는 1억 명을 넘었다고 한다.

인터넷은 사람들의 오락 활동을 풍성하게 했는데, 대표적인 것이 온라인 게임으로 많은 팬들을 확보하고 있다. 또한 온라인 비디오와 음악도 인기 있는 오락으로 성장했다.

Baidu 百度

검색 엔진은 글자 그대로 사람들이 정보를 얻는 데 있어서 혁명을 가져왔다. 중국의 대표 요리 중 하나인 궁바오지딩(宮保鷄丁)을 어떻게 만드는지 궁금하다면 쓰촨 요리사를 찾아가 물어볼 필요 없이 인터넷에서 찾아보면 되고, 중국에 관해 좀 더 많이 알고 싶다면 바이두(百度)나 구글(Google)을 찾아보면 된다.

새로운 스타일의 보석이나 전기제품을 원합니까? 어떤 물건이든지 인터넷을 통하면 손쉽게 구입할 수 있다. 중국 국내 웹사이트 타오바오(淘寶)와 외국 사이트 이베이(eBay)는 온라인 구매자들이 자주 찾는 사이트이다.

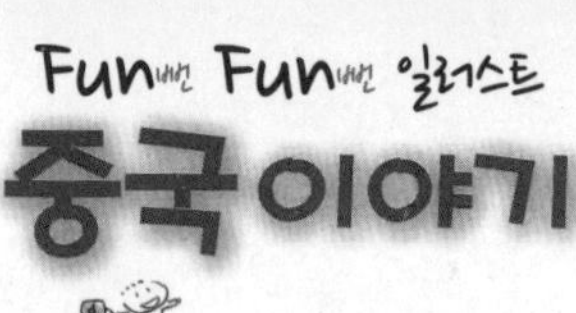

인터넷은 거대한 독서 자료를 제공해준다. 온라인으로 책을 읽고 싶다면, qidian.com이나 sina.com은 매우 편리한 웹사이트로, 마음에 드는 e-book을 다운로드받을 수 있고, 또한 파일을 들고 다니기에 편리한 휴대 전화나 MP4, PSP 등에 복사하여 원할 때 언제든지 읽을 수도 있다.

도시에 살고 있는 많은 사람들은 디지털 TV를 활용하여 수십 개 이상의 채널을 수신할 수 있으며, 일부 도시의 사람들은 버스나 지하철, 택시에서도 TV 시청이 가능하다.

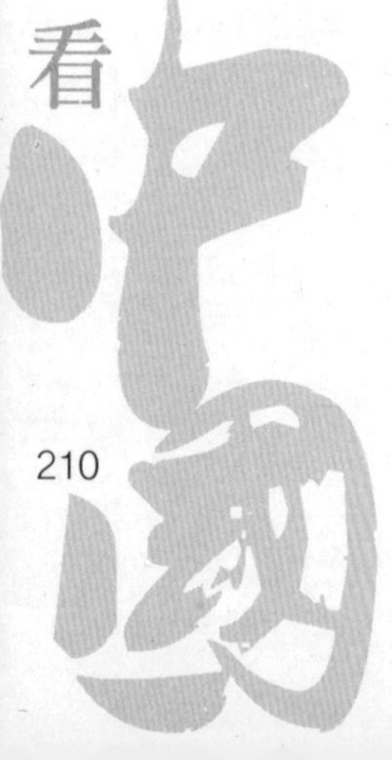

휴대 전화는 사람들의 의사소통 방식을 바꾸어놓았다. 휴대 전화의 기능이 점차 발달하여, 기본적인 전화 통화에서부터 메시지를 주고받으며, e-book을 읽고, 음악을 감상하며, 전자오락을 하고, 인터넷에 접속하며, TV를 시청하고, 내비게이션으로도 사용한다.

디지털 카메라는 사람들에게 큰 편의를 제공하는데, 높은 화소와 대용량 메모리는 마치 스튜디오에서 찍은 것 같은 사진을 갖도록 해준다. 또한 디지털 비디오카메라는 누구든지 영화를 제작할 수 있다는 흥분과 영화 감독의 꿈을 실현시켜준다.

여가 시간

중국 사람들은 주 5일 근무를 하며, 주요 공휴일로는 춘제, 칭밍제, 돤우제, 중추제, 궈칭제, 5월1일 라오둥제 등이 있고, 고용인(雇傭人)들은 다양한 기간의 유급 휴가를 보낼 권리가 있다.

중국 사람들은 함께 모이면 차를 마시거나 카드, 보드게임을 좋아한다. 마작(麻雀)은 중국 문화의 진수라고 불릴 만큼 중국인들이 즐겨서, 어느 곳에서나 시간이 나면 마작을 한다.

중국 전역에서 백화점과 쇼핑몰이 크게 증가하고 있으며, 쇼핑은 많은 여성들의 일상적인 취미가 되었다.

대도시에는 여러 종류의 박물관이 있으며, 베이징은 정기적으로 전시를 개최하는 훌륭한 박물관들이 가장 많이 모여 있다. 서우두박물관(首都博物馆)은 처음으로 "무료 박물관의 날"을 도입했는데, 무료로 입장하기 위해서는 예약이 필요하다 .

휴일은 일반적으로 여행 성수기로, 휴일에 유명한 관광지에는 사람들로 북적거린다.

자동차를 갖고 있는 사람들은 주말에 자주 교외의 경치 좋은 곳으로 소풍을 가며, 과일 따기나 낚시, 바비큐와 산채나물 먹기 등과 같은 활동이 매우 인기가 있다.

장거리 여행은 패키지 투어에서 배낭 여행, 드라이빙, 하이킹 여행까지 선택할 수 있다. 중국인들은 외국 여행을 좋아하며, 유럽과 서남아시아가 특히 인기 있는 행선지이다.

중국의 젊은이들은 스스로 일정을 짤 수 있는 배낭 여행을 좋아한다. 이러한 방법은 현지 상황이나 풍습을 좀 더 잘 이해할 수 있고, 더 많은 재미를 느낄 수 있다.

모험과 도전을 좋아하는 사람은 자신의 차나 도보로 여행한다. 출발하기에 앞서 그들은 충분한 음식과 일용품을 준비하고, 여행하는 동안 잠은 보통 자신의 텐트에서 잔다.

중국에서 오락의 매력

중국의 케이블과 TV는 전 세계 수의 1/3을 차지하며, 중국의 주요 TV 방송 파워를 만들고 있다. 중국의 유선TV(CATV)는 세계에서 가장 많은 가입자를 가진 TV 네트워크가 되었다.

최근 몇 년 동안 엄청난 제작비를 들여 만든 영화가 특히 중국 사람들에게 인기를 얻었다. 2008년에 제작된 할리우드 영화 〈쿵푸 팬더〉는 1억3천만 달러의 제작비를 투자해서 만든 영화이며, 2009년 중국에서 개봉한 신년 특선 영화 〈쉬즈 더 원非誠勿擾If You Are The One〉 또한 박스오피스에서 1억 위안 이상의 수입을 올렸다.

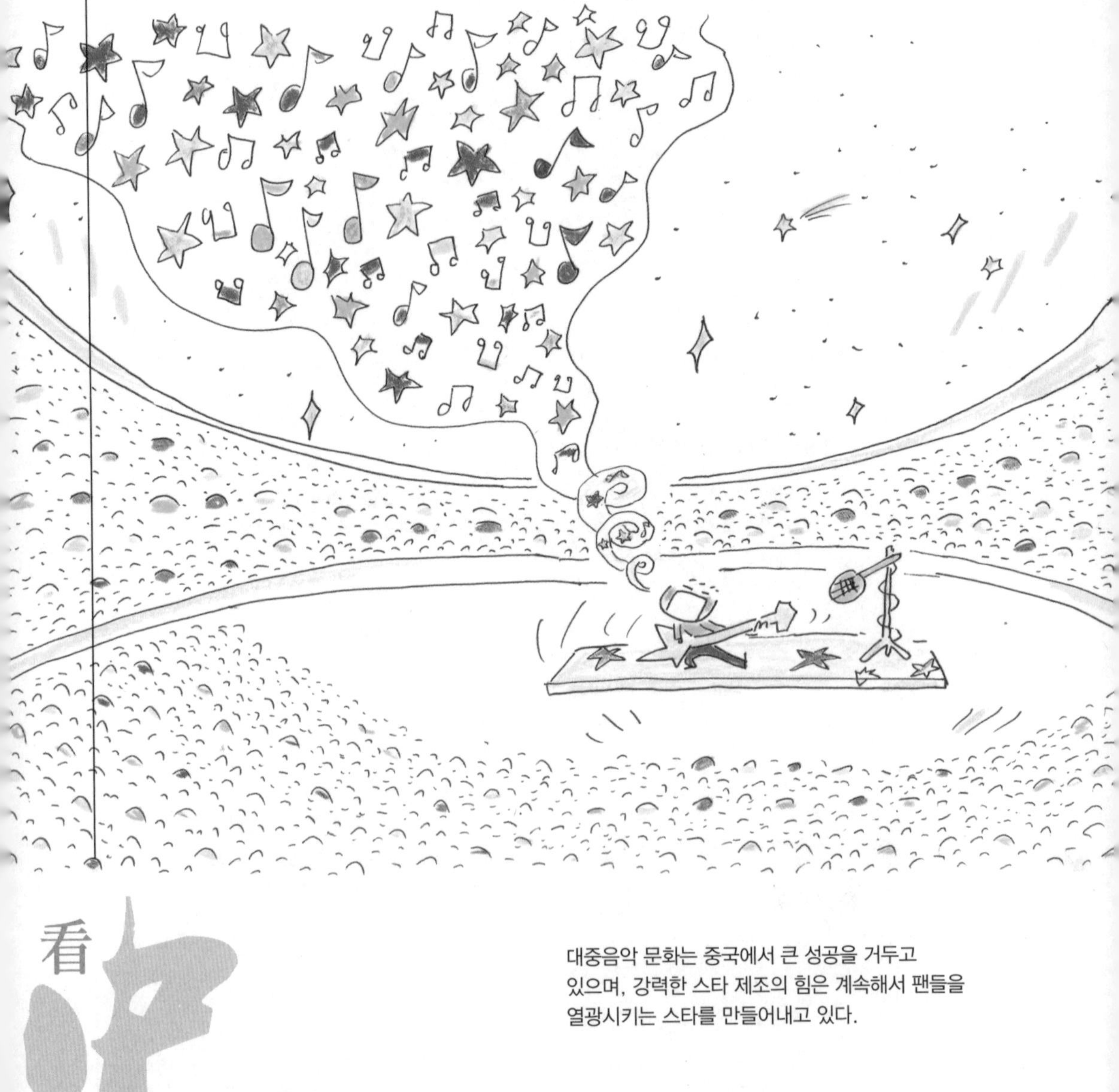

대중음악 문화는 중국에서 큰 성공을 거두고 있으며, 강력한 스타 제조의 힘은 계속해서 팬들을 열광시키는 스타를 만들어내고 있다.

1990년대 이후에 가라오케가 중국에 보급되고서 줄곧 인기를 누리고 있다. 초창기에는 단순히 가정에 기계를 설치해서 노래를 부르는 수준이었지만, 나중에는 KTV 같은 곳이 만들어져 젊은 사람들로부터 인기 있는 곳으로 급성장했다.

나이트클럽은 KTV만큼 인기 있는 곳으로, 느리고 우아한 사교 왈츠에서 젊은이들에게 인기 있는 빠른 리듬의 댄스 음악이 연주된다.

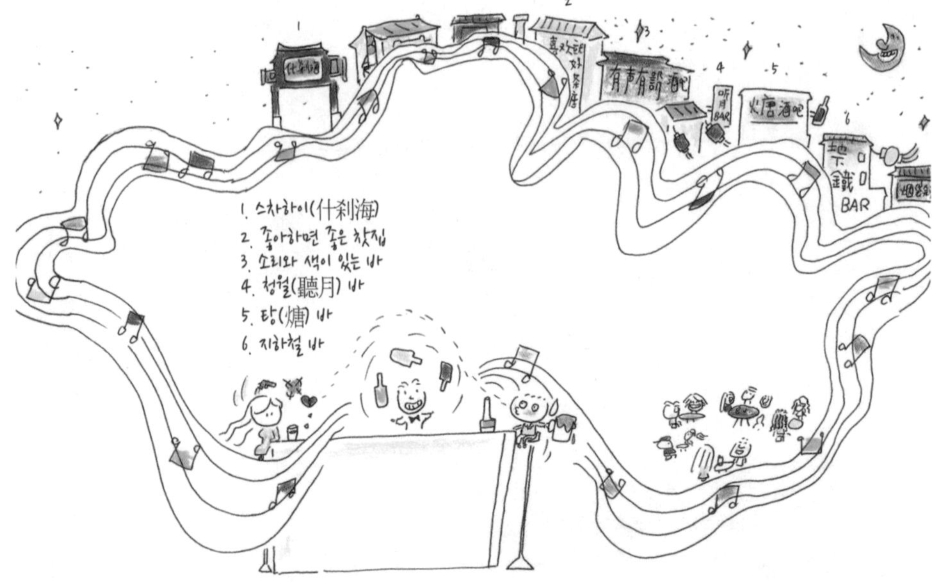

중국인들에게서 바(Bar)를 찾는 것은 점차 문화의 일부로 자리 잡고 있다. 바의 스타일은 매우 다양하여 조용하면서도 옛 향수를 느낄 수 있는 매혹적인 분위기가 있는 곳이 있고, 또 열정적이면서도 특색 있는 가수가 있는 곳도 있다. 또 어떤 곳은 손님들이 쉽게 노래하고 춤을 출 수 있도록 하는 곳도 있다.

번창하는 대중문화는 현대 연극에서 경극까지, 전통적인 중국 스타일에서 북치기, 민속 음악, 교향곡 등 다양한 분야를 포함하여 더욱 수준 높은 문화를 만들어냄으로써 중국인들로부터 다시 인기를 얻고 있다. 최근에 완성된 국가대극원(國家大劇院, 별명이 "계란")은 중국의 현대 건축물을 대표하는 특별한 역사적 건물이 되었다.

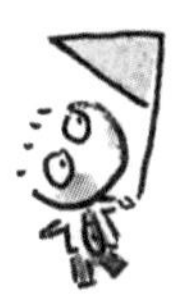

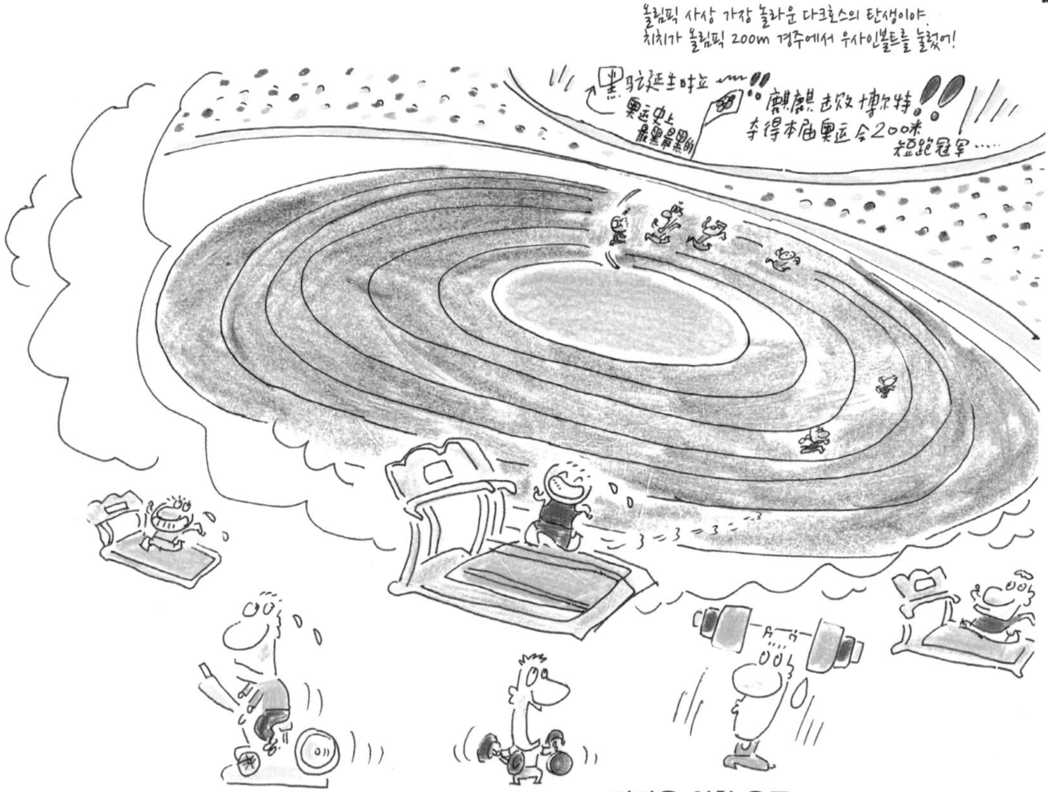
올림픽 사상 가장 놀라운 다크호스의 탄생이야.
치치가 올림픽 200m 경주에서 우사인볼트를 눌렀어!
黑马诞生啦~~!!
奥运史上最黑最黑的
麒麒击败博尔特!!
夺得本届奥运会200米短跑冠军……

건강을 위한 운동

현대 중국인들은 과중한 스트레스를 받으며 바쁜 삶을 살고 있지만, 그런 가운데서도 건강에 대해 신경을 쓰고, 실제로 건강을 위해 아무리 바빠도 시간을 내서 긴장을 풀고 운동을 한다.

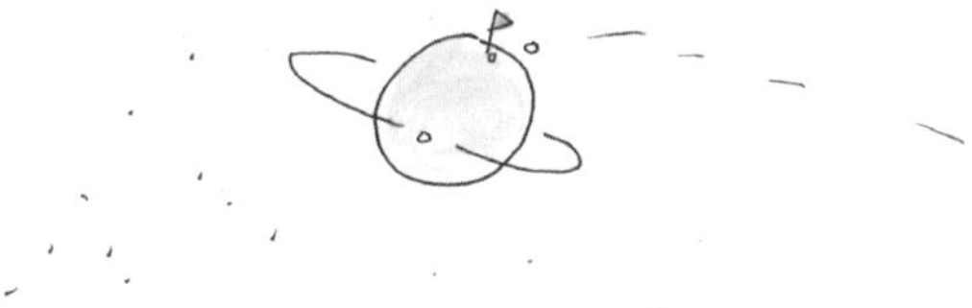

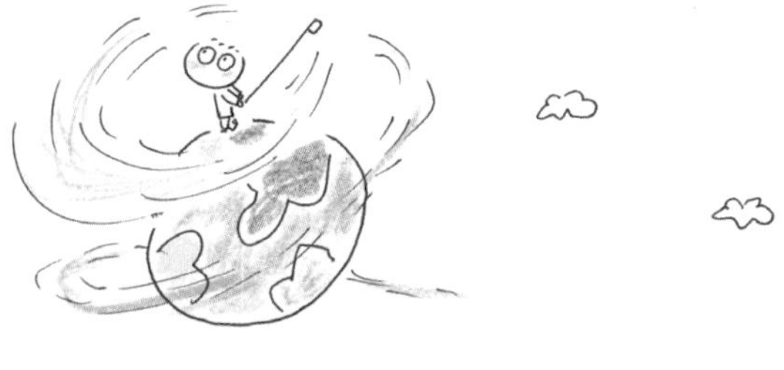

점점 더 많은 사람이 체육관에서 운동을 한다. 특히 직장에 다니는 여성들에게는 요가와 필라티스(philates), 벨리댄스(belly dance) 등과 같은 운동이 인기가 있고, 남자들은 조깅과 수영, 보디빌딩을 더 좋아한다. 볼링과 테니스, 골프 같은 운동이 일반서민들 사이에 점차 인기를 얻고 있지만, 탁구와 배드민턴처럼 전통적으로 인기가 있는 경기를 좋아하는 사람이 훨씬 더 많다.

Fun Fun 일러스트
중국 이야기

이른 아침에는 운동을 하고 있는 중국인들을 많이 발견할 수 있다. 나이가 지긋한 사람들은 공원에서 건강을 위해 음악에 맞추어 춤을 추거나 물 흐르듯 부드러운 타이지취안(태극권)을 연습하며, 음악이나 라디오를 들으며 산책을 한다.

2008년 베이징 올림픽은 중국인들 사이에 "운동" 개념이 널리 퍼지는 데 도움이 되었다. 중국 정부에서는 국민들의 건강을 위해 2009년부터 8월 8일을 "전국 건강의 날"로 지정했으며, 도시와 농촌 지역에 운동 시설들을 많이 설치했다.

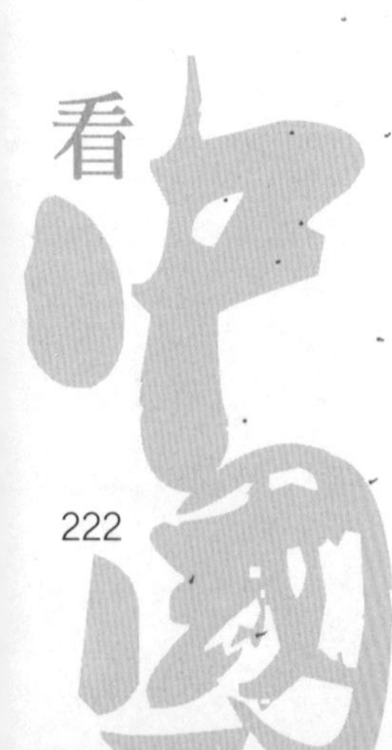

당신의 친구 치치.

옮긴이의 후기

알 듯 모를 듯, 파고들면 파고들수록 이해하기 어려운 나라. 그것이 바로 중국이다.

필자가 중국과 인연을 맺은 지도 벌써 26년째이지만 중국은 여전히 진행형이며 물음표이다. 하물며 전공자가 이러한데, 일반인들에게 중국을 쉽게 이해시킨다는 것이 얼마나 어려운 일인가!

그래서 부담 없이 읽고, 쉽게 중국을 이해시킬 수 있는 책을 만드는 것은 늘 갖고 있었던 마음의 숙제였다. 그러던 중에, 2009년 캐나다 브리티시 콜럼비아 대학에 연구년으로 갔다가 우연히 서점에서 쉽지만 가볍지 않은 무게를 가진 이 책을 발견했다. 엄청나게 길고도 무거운 5,000년의 역사와 문화를 가볍고 재미있는 그림으로 지루하지 않게 소개하면서, 한번 손에 잡으면 끝까지 놓지 않고 읽을 수 있는 이 책은 단번에 나를 사로잡았다. 중국에 대해 문외한인 사람에게는 흥미를 불러일으켜 중국을 알고 싶도록 하고, 동시에 중국을 좀 안다는 사람들에게는 알고 있었던 지식을 정리해 볼 수 있도록 해주니, 이보다 좋은 책이 어디 있겠는가!

거대한 중국을 소개하는 책들이 시중에 많이 있겠지만, 이 책을 통해 많은 독자들이 더욱 쉽고 재미있게 다가갈 수 있기를 바란다. 끝으로 책에 대한 열정만큼은 올림픽 금메달감인 신성모 사장님과 이 무더위 속에서 좋은 책을 만드는데 수고하신 분들께 고개 숙여 감사드린다.

2012년 뜨거운 여름의 끝자락에서

박종연